泰國度地圖

清萊

清邁

曼谷

七岩 ○○ 芭堤雅

華欣

蘇梅島

布吉島

泰銖匯率
HK$1=THB$4.38
NT$1=THB$1.12
(截至 25/4/2023)

作者序　　　　　　　　　　　　　　　　　　005

推薦序（胡慧冲）　　　　　　　　　　　　　006

第一章 簽證篇

01. 為何會揀曼谷居住？　　　　　　　　　008

02. 泰國試住親體驗　　　　　　　　　　　010

03. 移居？移民？入籍？　　　　　　　　　012

04. 泰國 O-A 及 O-X 退休簽證　　　　　　014

05. 十年長期居留 LTR 簽證　　　　　　　017

06.Thailand Elite 泰國精英會藉　　　　　019

07.SMART 智慧簽證　　　　　　　　　　021

08. 外國人在泰國　　　　　　　　　　　　024

09. 移居前的準備功夫　　　　　　　　　　026

10. 九十日要報到　　　　　　　　　　　　028

第二章 置業篇

01. 買泰國樓要注意事項　　　　　　　　　032

02. 泰國置業手續和程序　　　　　　　　　035

03. 泰國置業中伏位　　　　　　　　　　　037

04. 十分鐘步程定律　　　　　　　　　　　040

05. 買市區抑或外圍樓　　　　　　　　　　042

06. 大使館金融商業區　　　　　　　　　　044

07. 發展中的「品味」住宅區　　　　　　　046

08. 就近機鐵站住宅區　　　　　　　　　　048

09. 日本人高級住宅區　　　　　　　　　　050

10. 變身中河岸住宅區　　　　　　　　　　052

11. 買樓可省卻律師費？　　　　　　　　　054

12. JP 的重要性　　　　　　　　　　　　056

13. 樓宇業主每年使費　　　　　　　　　　058

14. 炒賣泰國樓　　　　　　　　　　　　　060

15. 泰國租屋的考慮（一）　　　　　　　　062

16. 泰國租屋的考慮（二）　　　　　　　　064

目錄

第三章 日常生活篇

01. 泰國冬蔭公飲食文化	068
02. 叫外賣文化	070
03. 士多啤梨蘋果橙	072
04. 咖啡控天堂	074
05. 有錢都無咖啡飲	076
06. 泰國水質問題	078
07. 泰國超級市場介紹	080
08. 曼谷的塞車問題	083
09. 走在行人路上也危險	085
10. 七天危險期	087
11. 昂貴的曼谷交通費	089
12. 曼谷市的士	092
13. 改善中的公共巴士服務	094
14. 稅務考慮	096
15. 在泰國當「高薪」外勞	098
16. 識窿路慳錢方法	100
17. 泰銖匯價問題	102
18. 家有小孩的移居考慮	104
19. 在泰國讀國際學校	106
20. 毒霧迷城	108
21. 泰國酷熱天氣難頂嗎？	110
22. 泰國治安如何？	112
23. 泰國醫療配套	114
24. 泰國睇中醫	116
25. 資訊媒體渠道	118

第四章 文化風俗篇

01. 泰國人的樂天純樸   121

02. 泰國規矩和生活禁忌   123

03. 泰國的天災人禍   126

04. 今朝有酒今朝醉   128

05. 泰國人拍照文化   130

06. 與時間競賽   132

07. 港泰生活比較（泰愛篇）   134

08. 港泰生活比較（港愛篇）   137

09. 外國人與泰國人的文化差異   139

10. 貧富懸殊的國度   142

11. 吃喝玩樂在泰國   144

12. 不懂泰文怎樣生活   146

13. 錯綜複雜的泰華關係   148

14. 有趣的泰國人小名   150

15. 泰式飲酒風俗習慣   152

16. 唔講唔知的泰特色   154

17. 老實與古惑的泰國人   156

18. 大麻合法化問題   158

19. 泰國有機生活   160

20. 聘請泰國傭工   162

21. 買傢俬體驗泰國人標準   164

後記

遠走高飛的思前想後   166

作者序

日日可以食泰菜，做吓 spa，閒時又可以穿州過省來個本土遊，使錢又唔會好肉痛，hea 住慢活，是否諗起都開心呢？有無諗過移居泰國？近年「移居外地」在香港又再成為熱話，而碰巧我移居海外，不覺又已逾七年之久，身邊很多朋友不時也會問起我在海外生活的情況。雖然兩年前曾有幸在電台接受訪問，分享過在海外生活的點點滴滴，但始終受限於節目時間，未能詳盡分享。碰巧地，有此機會出這本書，可以更有系統地與朋友們分享我這幾年在泰國的親身體驗，好讓一些有興趣移居泰國的朋友，多些在地資訊以作參考。

轉眼間，已在泰國曼谷生活了五年。不少朋友曾好奇地追問我為何會移居泰國？為什麼會揀曼谷而非布吉、清邁等其他地方？我泰文都唔識講多句，又如何能夠在泰國生活？泰國安全嗎？希望這本書都能為大家一一提供答案。

最重要的是我想強調，這本並不是只會講泰國有多好，有多「正」，要慫恿大家在泰國買樓，移居來泰國的書。反而，我真的希望透過這五年多的在地生活體驗，能夠與朋友們切實分享，在考慮移居泰國這課題時，一些客觀實際資料和經驗，然後才再作決定。就我個人而言，我仍覺得泰國是個不錯的移居地。當然，人在異鄉，必然曾經碰過不少壁，有過不少氣憤難平的遭遇，但阿 Q 地想，就當那是個過程、學習和體驗吧。

移居外地畢竟是人生大事，真的宜三思才後行。希望大家在看完這本書後，能對泰國這「微笑之地」有更深入的體會，才作最後決定和部署。

陳文龍（Charles Chan）

推薦序

泰國是港人外遊的熱點，如果純旅遊的角度，該地的配套實在令人賓至如歸。得知近年有不少港人開始移居泰國，開展新生活。由旅客變為居民，無論心態與生活習慣，都要花不少功夫去適應。記得當年自己隻身到泰國生活，既大開眼界，也吃了不少苦頭。難得 Charles 兄不吝惜把這幾年旅居泰國的所見所聞結集成書，讓打算移居泰國的朋友可以多角度了解這地方，亦幫助到初來步到的朋友行少冤枉路，我在此誠意推薦。

胡慧冲 Roger Wu
2023 年 4 月

第一章
簽證篇

01. 為何會揀曼谷居住？

> 保持生活質素是大部份想移居外地人士所希望的，
> 在曼谷這個城市，吃喝玩樂本來就是其強項！

很多朋友都曾經問過我，為什麼會選擇曼谷居住，而不選擇其他城市呢？答案很簡單。就因為它是泰國的首都和經濟命脈。

有分別嗎？當然有！就以交通配套為例，我不揸車的，在曼谷市我可輕易乘搭各式各樣的交通工具（但又要投訴一下，曼谷的車費真是頗貴，尤其是 BTS）。假如在泰國其他城市居住，除非是自己揸車，否則便很不方便。誰會喜歡擠那些「雙條車」或者坐 Tuk tuk 車呢？況且，那些城市的車費也算不上是便宜呢。

雖然曼谷的住宿費用會較其他城市貴，但貴是有原因的嘛。以生活質素而言，曼谷就是幾乎什麼都不缺。可能有些人會說，一些二線城市它們都有好的醫院，大的商場和出名的餐廳啦。但差別就是在於「都有」和「很多」。保持生活質素是大部份想移居外地人士所希望的，在曼谷這個城市，吃喝玩樂本來就是其強項，問題就只是消費得起與否吧了（哈哈）！

另外，就我個人而言，由於年事已高，所以對於醫療配套考慮特別關注。在曼谷市內，有名的醫院為數不少；起碼在需要求診時，都有所選擇。

經過這三年多的疫情，更使我感受得到住在首都和其他城市的分別。還記得新冠疫情大爆發的時候，全泰國都無疫苗針可打。在那些惶恐的環境下，大家覺得政府當有醫療物資時，會首先照顧那些城市呢？（要澄清一點，所指的是本地市民，並非是外國人）。當然，作為泰國的首都和心臟地帶，亦引伸到另一個問題，就是這裡人口較多和較密集，也是交通樞紐，差不多是大部分遊客進出的門戶，所以疫情個案亦相對是最多的地方。無奈！

曼谷市的夕陽景色。

02. 泰國試住親體驗

> 儘量在心儀的區內,多用腳來探路,日間有機會不妨探索一些巷弄,你可能會找到一些驚喜。

移居外地,畢竟是人生一個大決定。還記得幾年前曾經收看一輯電視節目,採訪了一家幾口全家移民英國的港人;他們離鄉背井移居全然陌生的城鎮,竟然是從來未曾踏足過,只靠代理公司介紹和自己上網找尋資料而已。看罷我真的只能寫個「服」字!

老實說,移居外地會面對的挑戰可真不少。試想想,假如落腳後未能適應,難道可以像短程旅行般,搬回兩喼行李便可撤退那麼簡單嗎? 因此,我會強力建議有興趣移居泰國的朋友們,在未辦簽證、未買樓前,而時間又容許的情況下,不妨過來泰國走一轉,短住一至兩個星期,親身來個在地體驗和感受。

可能有些朋友會覺得多此一舉,甚至會講:「泰國我都唔知去過許多次,熟晒啦!」這就真是見仁見智了。要明白,在過去這幾年疫情洗禮後,令全世界都轉變了很多,泰國當然也不會例外。

港人來泰國居住,有一個方便之處,從香港搭兩個多小時飛機,吃完飛機餐,電影未睇完就差不多到埗,超方便!

好了，話說回來，畢竟這次是一趟體驗之旅，而並非如過往般，找間豪華五星度假酒店嘆，早餐只會在酒店食，然後就 Call 車去嘆美食，做 spa，行商場買手信。講真，這類「嘆世界」旅遊行程，不用多問，一定是「正呀」！

那麼，建議的「體驗行程」又是如何呢？ 好！首先，做少許事前準備功課，問問自己一旦真的搬來泰國居住，你會喜歡揀選那個城市或城鎮呢？會較喜歡那一區？然後，就找間四或五星的服務式住宅（Serviced Apartment）居住，因為它們大多數都會有廚房和洗衣機配套，住宿環境會較貼近泰國的多層式公寓（Condominium）。

有了「落腳點」，便多出外走走（這是重點，因為體驗就是在外面的）。儘量在心儀的區內，多用腳來探路，日間有機會不妨探索一些巷弄（soi），你可能會找到一些驚喜，例如一些有意思的小店、咖啡室、食肆……等。但夜間就最好不要穿梭那些橫街窄巷了，免生危險。話雖如此，晚上亦不妨在大街流連一下，比較日與夜的差異，尤其是治安問題。儘量爭取機會，與所住的服務式住宅員工和附近店家們傾談，除了可從中獲取多些有用的本地資訊外，更可感受到區內人的友善情況，畢竟這些街坊可能就是你日後要經常打交道的人呢。

至於經常要買的日用品和食物，不妨探索一下什麼店舖在區內，比較商品的價錢和種類。

所謂賣花讚花香，假如有意在泰國買物業長住的話，更應該多花點腳骨力。Google Map 不會展示那些會發臭的溝渠，地產代理不會說給你知小販擺街阻塞路段有多嚴重，不會讓你看到老鼠甲由出沒有多嚴重，區內行人道破壞和被電單車滋擾情況等。總之，自己親身來走一轉實地考察，對你未來移居是否順利至為重要。

03. 移居？移民？入籍？

> 如果要我形容「移居」和「移民」兩者的分別，我
> 會簡單有趣地以「同居」和「結婚」來區分兩者。

這是個頗為有趣的話題，亦是間中會在朋友聚會時討論到的。以前，當
有親戚朋友要遷離香港去外地居住，一般都會被稱為移民。但是時移世
易，在外地居住並不是什麼一回事了。就以泰國為例，簽證可長可短，
可以按自己需要有不同選擇，悉隨尊便。

以我個人為例，移居泰國我只會視作長期移居，並不算是什麼移民。如
果要我形容「移居」和「移民」兩者的分別，我會簡單有趣地以「同居」
和「結婚」來區分兩者。移居可以說是「合則來，不合則去」那種，關
係可長可短，沒有多大承諾。而移民則是相對地較負擔沉重，會談什麼
「天長地久」的，雙方都有一定承諾。

所以，閣下如果打算遷來泰國定居，事先最好搞清楚，究竟自己的終極
目標是什麼？

我有些朋友甚至會更好奇的問，泰國有無得入籍的？入籍難嗎？我通常
會反問道：「為什麼想要入籍泰國？」「你想做泰國人嗎？」然後大家
就嘻哈大笑。

第一章　簽證篇

我只可以說，用正途入籍泰國是非常艱難的。參考一個近期的例子，有位南韓出生的泰國跆拳道國家隊教練 Choi Young-seok，花了近七年時間才可取得泰國公民權（相關新聞可參閱二二年十一月三十日《Bangkok Post》）；有興趣可以一看，因為此仁兄道出了要入籍泰國的困難。

話說回來，為什麼我會視定居泰國只是長期移居呢？因為我從來冇打算要入籍做「泰佬」，亦不打算要在這裡跟他們談什麼天長地久，就是隨遇而安。這就是我提議朋友們要想清楚之原因，免得失望而回，住多久也拿不到泰國護照。

當然，各有各的盤算。假如一朝入籍取得泰國身分證，便可以不受限制地在泰國買樓買地，在泰國行使投票權，可以拿「綜緩」（據 Thaiger 二二年十一月廿三日報道，截至十月底約有二千二百萬泰國成年人申請福利咭），可在泰國打工或者自己開鋪做生意（不需娶泰籍伴侶用其名義開鋪啦，哈哈）⋯⋯ 但有一個複雜的問題需要考慮，就是泰國基本上是不容許有雙重國籍的（但當然亦會有少數例外）。有兒子的，長大後是要服兵役的。正所謂有得有失，宜慎重考慮清楚。

04. 泰國 O-A 及 O-X 退休簽證

> 年過 50 及擁有 20 萬港元，已是獲發泰國退休簽證的基本要求。

最初移居到泰國的時候，朋友們都好奇地問，辦簽證來泰國居住難嗎？有什麼程序和手續呢？聽後我都一一輕鬆回答說：「很簡單。你有 20 萬港元吧？！有就基本上可以了，哈哈！」朋友們隨後的反應都是半信半疑的再問：「真的那麼簡單？」

實情當然並不會是那麼簡單啦，但又絕不會是怎樣複雜。

基本上，像我這樣已年過五十的人士（順理成章地我的朋友們也是差不多歲數），已經符合了泰國退休簽證的最起碼要求，隨著來的便是要提供最低限度的財務證明。暫時，所要求的數額仍然只是 80 萬泰銖（約港幣 20 萬），不難吧。換言之，假如夫婦二人同時申請，便各自提交 80 萬泰銖之財務證明，即合計 160 萬泰銖。

以上所提及的，是要符合泰國長居 O-A 退休簽證的起碼要求，這亦是很多外國人在泰國長居的簽證類別之一。所獲發的 O-A 簽證為一年期，往後每年需逐年辦延期居留簽證。

下列是 O-A 退休簽證的要求和條件摘要：

年齡要求	50 歲或以上
財務要求	不少於 80 萬泰銖銀行存款證明，或每月入息證明不少於 65,000 泰銖；或兩者合計不少於 80 萬泰銖
其他重要要求	1. 未曾被泰國拒絕入境； 2. 需呈交在居住地之無犯罪紀錄證明； 3. 需呈交健康證明文件，證明並無患一些禁病，例如麻風病、肺結核病、毒癖、淋巴絲蟲病、梅毒等
保險要求	需在泰國購買指定金額的醫療保險
簽證限制	一年期（往後每年續期）及不能在泰國受僱（Employment in Thailand is prohibited）
此簽證適合對象	50 歲或以上，純粹想在泰國長住的消費人士，又或者是想住在泰國但又能繼續在外地搵錢的人士。

值得一提的是，雖然 O-A 簽證有不能在泰國受僱的嚴格限制，即表示你不容許在泰跟本地人爭飯食，但就絕對歡迎你帶錢來消費帶動經濟。即是假如閣下在海外有股票投資、有樓收租、是數碼遊牧民（digital nomad）之類，恭喜你！你大可以在泰國這邊過其相對低消費、高質素的生活，而同時可在泰國以外其他地方繼續賺錢，而且還不需在泰國課海外賺取的入息稅（條件是海外入息並非是匯入泰國收取），是否很吸引呢？

此外，一些人可能曾聽聞有些較長年期的退休簽證，可以在泰國居住較長時間，而無須每年申請續期延居。對，是有這類簽證的，類別名稱是 O-X，但問題是並非那麼容易可申請到。先決條件有二：其一是所持之護照是否由所核准國家發出；其二就是更高財務要求。

下列是 O-X 退休簽證的要求和條件摘要：

年齡要求	50 歲或以上
財務要求	申請時需具備不少於 180 萬泰銖（約港幣 41 萬）銀行存款證明及每年入息證明不少於 120 萬泰銖。到埗泰國後首年內，在泰國銀行存款不少於 300 萬泰銖（約港幣 69 萬）
國籍要求	需持以下十四個國家之一的護照：日本、澳洲、丹麥、芬蘭、法國、德國、意大利、荷蘭、挪威、瑞典、瑞士、英國、加拿大、美國
其他重要要求	1. 未曾被泰國拒絕入境； 2. 需呈交在居住地之無犯罪紀錄證明； 3. 需呈交健康證明文件，證明並無患一些禁病，例如麻風病、肺結核病、毒癮、淋巴絲蟲病、梅毒等
保險要求	需在泰國購買指定金額的醫療保險
簽證限制	十 年 期（五 年 續 期）及 不 能 在 泰 國 受 僱（Employment in Thailand is prohibited）
此簽證適合對象	50 歲或以上，符合國籍及較高財務要求，並純粹想在泰國長住的消費人士，又或者是想住在泰國但又能繼續在外地搵錢的人士。

重要聲明：由於相關的簽證要求和細節都在不斷更新，所以務請向泰國領事館及泰國入境事務署網頁 www.mfa.go.th 查詢最新資料。

05. 十年長期居留 LTR 簽證

> LTR 簽證旨在吸引富有和具專業才能的外國人長期移居泰國，促進泰國境內消費。

LTR（Long-term Resident Visa）簽證是泰國政府在二零二二年九月新推出，旨在吸引富有和具專業才能的外國人長期移居泰國，提升泰國作為居住和營商的區域中心，對「高潛能」外國人的吸引力，以促進泰國境內支出和支持經濟增長。以下四類人士可申請此類泰國十年長期居留（LTR）簽證：

1. 全球富豪 Wealthy global citizens
資產總額不少於一百萬美元，個人最近兩年年收入不少於八萬美元，在泰國投資不少於五十萬美元；

2. 外國退休人士（富裕養老金領取者）Foreign retirees（Wealthy pensioners）
個人年收入不少於八萬美元；

3. 來泰國工作的專業人士 Work-from-Thailand professionals
最近兩年個人收入每年至少有八萬美元，不少於五年工作經驗，並且在合法註冊的公司工作，而該公司在過去三年內收入不少於一億五千萬美元；

4. 高技能專業人士 Highly skilled professionals

個人年收入不少於八萬美元，精通特定目標行業（targeted industries），並具備不少於五年的工作經驗。

除獲發長期居留（LTR）簽證之持有人外，其配偶和未滿 20 歲的子女均可享有同樣福利（最多四名受撫養人受惠）。長期居留（LTR）簽證為持有人提供多項福利，包括：

- 十年有效期簽證（可以延期）；
- 只需每年向移民局報到一次（一般需每九十日報到一次）；
- 泰國國際機場的快速入境通道服務；
- 多次再入境許可；
- 在泰國工作的許可（數碼工作許可證）；
- 高技能專業人士的個人所得稅稅率降至 17%；
- 海外收入稅務豁免；
- 免除四名泰國人對一名外國人的就業要求。

申請所需時間和費用：

- 於收齊所需文件後 20 個工作天內，申請人會收到批核結果。
- 成功申請人可於同意書（Endorsement letter）發出日期計 60 天內遞交 LTR 簽證申請。如在泰國領取簽證，費用為每人五萬泰銖。如在海外領取簽證，費用則按當地而定。
- 在泰國工作的申請人，其數位工作證年費為三千泰銖。

重要聲明：由於相關的簽證要求和細節都在不斷更新，所以務請向泰國領事館及泰國投資促進委員會事務署網頁 ltr.boi.go.th 查詢最新資料。

06.Thailand Elite
泰國精英會藉

> Thailand Elite 較適合希望能在泰國長期居留，但年齡又未達 50 歲、有錢又不想自己操勞搞簽證的「貴客」。

Thailand Elite 並不應被視作一種簽證類別，而是一項可以幫助申請人長居泰國的特殊計劃，年期由五年至二十年不等，悉隨尊便。由於計劃已推出長達二十年之久，所以較多人識。這亦突顯泰國就是那麼一個有錢萬事通的地方。

其實，這是由泰國旅遊局官方推出的付費會員制計劃，分別有五年、十年、二十年不同等級的長期居留簽證服務，會員除了可於所批年期內在泰國居留外，更可享有其他附加禮遇以突顯其尊貴身分。

我個人認為，Thailand Elite 較適合以下幾類人士申請：
1. 希望能在泰國長期居留，但年齡又未達 50 歲或以上可以申請退休簽證者；
2. 希望能舉家移居泰國（包括小朋友）之人士；
3. 基於業務需要，經常往來泰國營商居住者（但並不能受僱）；
4. 希望每年能無限次數地在泰國出入和長期居住（如無特別申請，一般簽證只是單次出入境"Single-entry visa"）的人士；

5. 希望擁有一些高人一等之特權,例如每年只需向入境處(Immigration Department) 報到一次,省卻舟車勞頓之苦(一般為每 90 日報到一次);在泰國機場入境時,能利用快速通道(Fast Track)輕鬆過關,免卻在普通入境櫃位輪候之苦。並可享用機場的 VIP 休息室和專車接送機等服務的人士。

6. 希望能享有在泰國的高端高爾夫球場、水療中心、酒店、俱樂部和醫療設施等的尊貴服務和優惠的人士。

Thailand Elite 的會藉費用,由最平的五年期 Elite Easy Access 級別的六十萬泰銖(約港幣 14 萬),至尊貴的二十年期 Elite Ultimate Privilege 級別的二百一十四萬泰銖(另加年費二萬一千四百泰銖),有多種類別可按申請人個別需要以供選擇。

申請 Thailand Elite 的手續頗為簡單,因為無需經過什麼入息或資產審查,最重要是肯付相關會藉費用便可以了。此會藉計劃最適合一些有錢又不想自己操勞搞簽證的「貴客」,就是用錢找人代辦。如有興趣者,可聯絡香港和台灣的代理商。

網址:https://thailand-elite.com/zh/application/

曼谷市的泰國精英會藉辦事處。

07.SMART 智慧簽證

SMART 智慧簽證適合在特定行業有技能或肯投資，可以幫助泰國技術或經濟發展之人士。

泰國簽發長期居留簽證的考慮，簡單地可以歸納為三種：一、年紀較大，稍有積蓄，過來泰國不會跟本地人爭工做，純粹在此消費，幫助經濟；二、在特定行業有技能或肯投資，可以幫助泰國技術或經濟發展之人士；三、不論年紀及工作經驗，只要肯付費買簽證者。

SMART 智慧簽證便是屬於上述的第二種類，在 2018 年才開發的另類簽證，下表歸納了這種簽證之特質：

簽證有效期	四年
可停留時間	不超過四年
申請所需時間	約三十個工作天
可否重複入境	可以
親屬可否共享	可以

SMART 智慧簽證類別有以下類別：

1. 高技術人員 Smart T（Talent）
2. 投資者 Smart I（Investor）
3. 高階主管 Smart E（Executive）
4. 創業者 Smart S（Startup）
5. 其他（配偶及子女）Smart O（Other）

註：上述簽證類別之申請條件各有不同，請瀏覽泰國政府相關網頁：
https://smart-visa.boi.go.th/smart/

特定目標行業共有以下十三種：

1. 新一代汽車製造 Next Generation Automotive
2. 智能電子 Digital
3. 高端旅遊與醫療旅遊 Affluent，Medical & Wellness Tourism
4. 農業與生物技術 Agriculture & Biotechnology
5. 未來食品 Food for the Future
6. 自動化與工業機械人 Automation & Robotics
7. 航空與物流 Aviation and Logistics
8. 生物能源與生物化工 Biofuels & Biochemicals
9. 環境管理與再生能源 Environmental Management & Renewable Energy
10. 醫療中心 Medical Hub
11. 智慧電子 Smart Electronics
12. 另類爭端解決方式 Alternative Dispute Resolution
13. 人力資源科技發展
     Human Resource Development in Science & Technology

重要備註：簽證的要求條件會不時更新，請向泰國領事館查詢最新資
料或參考泰國投資促進委員會相關網頁：https://smart-visa.boi.go.th/
smart/

第一章　簽證篇

SMART 智慧簽證之好處撮要：

1. 最長簽證有效期限為四年（一般以一年為限）
2. 無須具備工作簽證
3. 一年才須往移民局上報一次（一般為九十日，本書另有篇幅介紹）
4. 簽證持有者之合法親屬（配偶和子女）之生活及工作權利與簽證持有者相同（此權利僅限於持有 T 型 - 高技術人員簽證之親屬）

智慧簽證是泰國政府吸納人材的方法。

08. 外國人在泰國

> 不管你是遊客抑或是在泰國長居的外國人,一概多會被視為「有錢人」,甚或是「水魚」。

大家可會想像到,在泰國所碰到的外國人,竟然會較香港為多,甚至可以用倍計來形容?泰國就是那麼奇妙地,吸引到這麼多外國人喜歡前來旅遊,甚至是長居。無論是日本、歐洲、美加以至是中國大陸人,都有為數不少的「移民」已落腳於此。但究竟外國人在泰國生活,是悲多抑或是喜多呢?我嘗試以我過去五年在泰國的生活體驗,與大家一一分享。

基本上,泰國是個頗為包容的國家,無論是宗教、性別和取向、國籍等,在這裡都不會受到歧視。所以,要在泰國生活,亦只得入鄉隨俗了。

外國人在泰國生活,最大的問題相信莫過於在語文方面。但如果是選擇居住在幾個外國人多的熱門城市,例如曼谷、芭堤雅、布吉、清邁等,懂得說英語的泰國人也為數不少,所以挑戰難度相對較細。況且現在科技發達,泰國人也喜歡用翻譯 app 與外國人溝通,所以簡單的溝通應該不會有太大問題。話雖如此,日常生活又難免會被要求簽各式各樣的文件,問題便來了,差不多十居其十都是只有泰文,哈哈,死未?

此外,不管你是遊客抑或是在泰國長居的外國人,一概多會被視為「有錢人」,甚或是「水魚」。那些暗地裡宰客的新聞看過無數吧,而「明搶」的花招亦不少,好似外國人表達不滿已久的雙價收費(dual pricing),

外國人「專用」的貴價餐牌、以至最近有酒店集團提議要向外國人收取每晚三百泰銖的住宿附加費，林林種種的小動作，都是針對外國人，真是無奈！

在泰國長居，無論你已住多久，有冇交稅（對呀，銀行利息要徵稅，購物或用膳要付消費稅……），外國人就是外國人，當談到權利和福利時，就是沒你份兒。舉例說，泰國人到六十歲可申請 BTS 長者咭，但外國人就算是持長居簽證也不能申請（相比之下，香港似乎較慷慨呢）。另一例是在二零二一年，全世界在搶新冠疫苗的生死存亡環境下，外國人在泰國就算是肯俾錢都無疫苗可打，惟有各自靠自己門路找辦法；不然，無人會幫你。在那個年頭，真的深深感受到「人離鄉賤」這句話的辛酸。

但在眾多東南亞國家中，泰國會發生「排華」的機會率應該相對較微，因為泰國華人除了有一定財勢外，還很懂得「做人」，在這裡有不少寺廟、學校和醫院等都是由華人出資作出貢獻的。感覺上，這裡的華人似乎是頗受尊重。

此外，外國人在泰國多會被當作較付得起錢的一羣，所以在百貨公司、酒店、食肆等都多會被殷勤接待。純粹作為過客和消費者，不多管這裡的政治爭拗和閒事，不太執著這兒的處事作風，外國人在泰國的生活，還是可以的。

09. 移居前的準備功夫

好的搬運公司理應會幫忙辦理海關申報手續，所以其當地經驗和關係更是不可忽視。

就算只是在香港搬家，已經是一件頗為煩惱的事，何況是要移居外地，要傷腦筋的就更加多如繁星。以下是我在移居前的一些經驗分享，供大家參考：

1. 文件處理

通知各方好友你的外地新地址，但始終都會有機會遺漏，所以最穩妥的做法是找個信賴得過的親朋戚友，肯幫你接收一些寄往你舊地址的信件；然後填表通知郵局轉地址和繳費便可。

2. 找搬運公司

這真是一件非常重要的事。在香港找搬屋公司都經常聽聞有不愉快事件發生，更何況要將寶貝的家居財物搬運到海外，能不擔心嗎？可以的話，儘量問問身邊有移民經驗的朋友有何介紹，多貨比三家。比較的不只是價錢，更重要的是經驗和服務質素。一間好的移民搬運公司，應該會事前上門查看有什麼物件和約定數量多少，以確保日後搬運工人可準備足夠紙箱和保護工具。並且，該公司理應會幫忙辦理海關申報手續，所以其當地經驗和關係更是不可忽視。

3. 買運輸保險

最好在與搬運公司作實前，先與保險公司或經紀聯絡，提供屬意的搬運公司名稱給他們。假如該搬運公司有「往績」可尋，保險公司的報回天價又或甚至拒保，或多或少已可告訴你該搬運公司的可靠性吧。一些搬運公司可能會同時提供保險報價，但我個人就偏向用獨立的保險中介服務，以免有利益衝突。不過，還是見仁見智吧。

4. 通知保險公司（尤其是醫療保險）

假如有買人壽和醫療保險，便應儘早通知保險公司；因為人壽保險公司可能有稅務聲明表格需要填報，而醫療保險公司有機會因移居地而調整保費，或甚至拒絕續保。無論如何，通訊地址也需更改呢。

找一間好的搬運公司是成功移居的重要一步。

10. 九十日要報到

> 雖然在泰國已經住了幾年，但仍然不明何以要訂定九十日報到這規例，硬要煩擾在這裡居住的外國人。

除非閣下所持的簽證，聲明每年只需去入境事務署（Immigration）報到一次，否則，所有外國人均需每 90 天向入境事務署報到一次。

雖然在泰國已經住了幾年，但仍然不明何以要訂定這規例，硬要煩擾在這裡居住的外國人，要那麼頻繁地每 90 日老遠跑到 Laksi 那邊的政府大樓，為的就只是交一張表格，申報所住地址而已。怎麼不可以簡化些，僅限居所有變更才需要申報新地址，又或在網上辦理呢？

以前，要前往上述的政府大樓，真是一場頗痛苦的長征。因為先要乘 BTS 或 MRT 到翟道翟（Chatuchak）市集那邊，然後再轉的士前往（假如不太塞車的話，純粹的士車程通常也要約三十分鐘）；加上市區到翟道翟 BTS 車程，單程計至少需一個多小時。還好，近兩年由於 BTS 路線擴展了，可以多坐幾個站才轉駁的士，些微縮減了路面塞車的路段，但仍是頗為擾民。

需要留意的是，90 日報到（又稱 TM47 申報）要求是按閣下入境當天起計。以前未有新冠疫情時，可以隨意出外旅遊，所以經常還未到 90 日已經飛走了，要做報到的次數並不多，不覺得太過麻煩。

但自從新冠疫情各地封關後，問題便來了。大家那裡都去不了，故此以往「話飛就飛」的灑脫，一下子就無了，只能乖乖就範。要知道，在無疫情的環境下，要山長水遠走到那老遠，已經是不情不願的了。何況在病毒肆虐兼針藥難求的情況下，還要出外冒險奔走就只不過是為了做那報到動作，真是人都癲了。

還有更離譜的是，有一次去到政府大樓後，才被告知原來為應對新冠疫情，不想那麼多人聚集於該大樓內，所以臨時將 90 日報到辦事處，搬了去 IMPACT 展覽中心附近，一座只有幾層樓高的簡陋樓宇，輪候的地方還要是一樓的停車場。總之，那天就害得我要「裙拉褲甩」地趕了差不多半小時的士車程往那邊，之後才得知搬遷相關新聞報導，都算「黑仔」。

可能是真的有聲音反映，又或者是有人頓然覺悟吧，終於在疫情期間推出了網上申報系統，實屬一大喜訊。但曾經又發生過這樣的小插曲，就是在開心地做過一次網上申報後，隨著 90 日又到，但卻不知怎的，玩了幾天也不成功。最後，忍不住了，跑了去離家最近的入境事務分署查詢，才獲告知原來是網上維護（但相關網站並無顯示或通報），要等數星期後才能恢復運作，最終又要老遠去跑了一轉做報到，Mama mia！

現時可辦網上 TM47 申報的網址是：tm47.immigration.go.th。但要留意的是，相關網址是有機會隨時變更的，我也曾經有一趟怎也做不到網上申報，慶幸最後找出原因，就是轉了上列新網址，但我們用家卻不知。這裡辦事就是這樣的了，歡迎來到泰國！

另一個節省一己氣力的途徑，就是付費找 Agent 代辦吧。

停車場輪候做 90 日報到。

第二章

置業篇

01. 買泰國樓要注意事項

> 樓宇的發展商背景審查非常重要,因為這裡的建築
> 用料和施工質素,普遍而論絕非耐用上乘,所以儘
> 量揀選具信譽、有往績可尋的發展商為佳。

在海外置業本來已是不容易處理的事情,加上還要在泰國這裡用泰文溝通的地方,當然會增加不少難度。所以,我希望憑藉過往經驗,分享一些重要事項,希望朋友們有一些概念,在樓宇買賣過程中能夠順暢些吧。

1. 發展商

樓宇的發展商(Developer)背景審查非常重要,因為這裡的建築用料和施工質素,普遍而論絕非耐用上乘,所以儘量揀選具信譽、有往績可尋的發展商為佳。 在新樓保養期內(室內問題一般是交樓後一年內,樓宇結構問題則為五年,買樓前宜事先確認),發現有任何問題,應儘早通知發展商,才能夠得到適切跟進。如果是二手樓宇,至少也希望未至於折舊得那麼快吧。

2. 物業管理

外國人基本上受限制於只可買多層式公寓(condominium),所以理論上是會有物業管理公司(這裡稱為 Juristic Person,簡稱 JP)負責打理日常公寓事宜的。建議儘量拜訪該 JP 辦事處,找些話題(例如是否每天每樓層都會清潔?如果要做裝修工程,申請程序、時間和費用等),與該處員工傾談間,便可或多或少感覺到他們是否友善,處事有沒有系統和多認真,與外國人溝通會有問題嗎? (本書另有篇幅談及此範疇)

3. 財務報表和周年會議紀錄

查閱公寓的財務報表，可以清楚瞭解到公寓的財政狀況是否健全，有否面對入不敷支情況，管理費被拖欠債務嚴重與否（如果嚴重，反映了該處業主或管理質素問題）。此外，公寓每年均會舉行周年業主大會，商討並表決多項重要事宜，如果能夠獲取近年的會議記錄文件，可以知道更深入的公寓運作情況； 假如該記錄均以泰文書寫為主的話，亦反映了外國人在那物業的地位，就算是有投票權，亦未必會知道談什麼，那便要多加考慮了。

4. 律師

一個信賴得過和能夠溝通到的律師（不要忘記這裡是泰國，並非每個律師的英文或中文水平都足以與外國人溝通的）是非常重要。除了基本的查冊和看契工作外，還能代表買家與發展商或賣家查核、交涉和作實各項買賣條款細節。故此，一個能幹和熟悉物業買賣程序的律師尤其重要。 （本書亦另有篇幅談及此範疇）

5. 銀行按揭

外國人在泰國如果想申請樓宇按揭，絕非易事。但話雖如此，仍有個別銀行是會接受申請的，可是按揭條件則不會好得到那裡，因為欠缺競爭。所以，很多外國人寧願在外地（例如香港、台灣等）加按所持物業以套現來泰國買樓。究竟那種方式較為划算，便要事先計算清楚，免失預算了。

6. 驗樓

這裡是泰國，不要期望可以找到具專業資格的驗樓師。這裡的文化老是那麼「馬馬虎虎」，到有問題出現時大家才「紮紮跳」出來嘈的。話雖如此，如果想找人幫忙驗樓，一些具規模的地產公司，是會提供此類額外收費服務的，但就是要信賴其經驗了。驗樓後，可根據所提供的報告與發展商跟進「執漏」。

7. 裝修

交收完成，收到物業單位門匙後，便到另一項艱鉅工程了，要搞裝修。
縱使是在香港，裝修搞到一塌糊塗的事例也時有聽聞，何況這裡是泰
國，身為外國人的那會不傷神呢？可以的話，找個相熟兼信賴得過的在
地朋友，介紹間有信譽和溝通得到的裝修公司給你吧。否則，都幾可肯
定會有無限「驚喜」。一些裝修細節（開工日期、交貨日期、用什麼材
料、尺寸、分段付款日期和數額等）務必在合約上寫清楚，有所憑據，
以免當中產生不必要的誤會和紛爭。

還在建築中的樓宇。

02. 泰國置業手續和程序

> 在泰國置業程序上與香港大同小異，只是所有文件，基乎都是泰文，所以如果沒有當地律師代辦，便猶如「咪埋眼」簽名。

在泰國購置一手樓花物業，首先需向發展商繳付一筆留位費（Reservation/Booking fee），並會簽訂一份臨時買賣同意書，以確認打算進行心儀物業單位之交易。需注意，通常這筆留位費是不能退款（non-refundable）的。所以，最好在繳付這筆費用前，宜三思和事先與代表律師溝通。

發展商隨後會準備相關買賣合約（Sales and Purchase Agreement），訂明相關買賣細則，例如是買家遲付尾數後果，賣家延遲交樓罰則等。至於訂金付款方面，如果仍是在建築中的樓花，普遍而言，或許先要繳交百分之二十以上的訂金（曼谷市外物業所需繳交之訂金或會較高），隨後在訂定期內，根據合約條款規定，按建築期分段繳交餘下尾數。

由於這階段已開始涉及各樣的交易款項和法律文件，所以，如上所述，最好還是在繳付留位費前，已有律師代表提供意見和與銷售代理及發展商聯繫，並代為審視和修訂相關買賣合約條文。順便一提，可能一些銷售代理會有介紹律師的服務，看似方便，但始終存在角色利益衝突，所以最好還是透過其他渠道介紹的會較公正，自己衡量吧。

當購買的樓宇在落成後，發展商便會通知買家需要在訂定日期前，繳付餘下尾數，然後便可取單位門匙，完成交易，正式成為新業主了。其實，在泰國置業，手續並不怎麼複雜，程序上與香港大同小異；只是所有文件，基乎都是泰文，所以如果沒有當地律師代辦，便猶如「咪埋眼」簽名，純粹講個「信」字了。

最後，特別需要一提的，是在泰國購買物業過程中，外地買家須證明其資金來源。所以，在海外匯款過來泰國時，必須向銀行索取一份外滙資金交易單（Foreign Exchange Transaction Form 簡稱 FET）的文件，用以證明買家確實從外地以外資滙入自己名義或代表律師樓的泰國銀行賬戶。此份文件必需妥為保管，因為在日後賣樓時，買家如不能提供 FET，將無法辦理轉名手續，物業亦因而不能成功出售了。

03. 泰國置業中伏位

> 如果用香港思考模式去諗泰國樓市，待衝動過後才發覺原來會有「易買難放」的狀況，其實泰國樓市可以跟香港樓市有很大落差的。

外國人在泰國置業，跟外地很多地方買樓無什麼太大分別，問題多數是源於不甚熟悉當地情況，往往中了伏也不知。所以，希望本文能幫助有興趣在泰國置業的朋友，儘量瞭解一些中伏位。

爛尾樓

大多數在香港推售的泰國樓盤都是未施工或在施工初期的「樓花」，所以朋友們都會問，究竟在泰國買「樓花」有風險嗎？泰國有爛尾樓嗎？答案是：絕對有！不妨上網搜查一下「泰國爛尾樓」，便會找到過往確實曾經有不同的樓花交收個案發生過爛尾事件，而中伏的香港人就算是找了議員出頭，似乎亦無補於事。

那麼，是否便不應該買「樓花」呢？這我可就不能代答了。買「樓花」雖然要承擔一定風險，但亦由於那是遠期交付合約，所以買家可以獲得一些優惠，例如只需先付樓價某成數便可為心儀單位「留位」，又或獲得樓價折扣、減免首年管理費、送厘印費等。所以，買「樓花」是有其一定吸引力的。問題是，要清楚明白當中要面對的風險，衡量其「值博率」了。

租金保證

一些朋友可能未必在購買物業後會作自住之用，只打算作為投資收租；而一些地產項目可能會提供收樓後指定年期，享有「保證租金」回報優惠，看似吸引。但有機會中伏的就是那些所謂「保證」，純粹是建基於對該地產發展商的信任。萬一該發展商在日後由於財困或者其他原因，不能兌現承諾或違約，買家可以怎樣？

酒店式管理

有些樓盤會以酒店式管理作為賣點，甚至物業名稱也掛勾上一些星級酒店名字，氣派因而勝人一籌，而樓價亦因此高人一等。但可知物業名稱和星級酒店管理合約是可以變更的，到時物業價值可能因而受到影響，作為個別小業主的，不可以不考慮這點。

外國人 Mark up 價

在簽訂買賣合約前，最好多瞭解有沒有外國人 Mark up 價單情況出現。這些雙價（dual-pricing）情況，在外國人眼裡儘管看得不是味兒，但在泰國人而言，他們未必覺得是什麼一回事呢。

地產代理

可能在港推廣的泰國樓盤，是經香港具知名度的地產代理銷售，令人感覺會較穩妥。但請翻查過往出事的新聞，就算是經那些在港有江湖地位的代理亦難逃一劫，所以，還是要小心！

用香港模式去諗泰國樓市

一些香港人見到美侖美奐的售樓書（要知道，泰國人擅長於將產品華麗地包裝），已心有所動；再加上見入場費又少，樓價相比香港樓可謂九牛一毛而已，總之一個字講哂「抵」！如果用這種思考模式去諗泰國樓市，待衝動過後才發覺原來會有「易買難放」的狀況，泰國樓市其實可以跟香港樓市有很大落差的……喔嘆！！

裝璜華麗的物業銷售處。

泰國宜居
เมืองไทยน่าอยู่

04. 十分鐘步程定律

> 同樣步行十分鐘，在泰國行起來可能會像在其他地
> 方行了十幾、二十分鐘般辛苦，一點也沒有過份誇
> 張。

無論租樓抑或是買樓，地點無疑是首要考慮。在泰國搵樓居住，記着這
「十分鐘步程定律」總是沒錯的。

泰國跟香港一樣，愈近 BTS 和 MRT 車站，租金和樓價便相對愈貴，這
是可以理解的。居所如果遠離車站，每天出入都會有所不便。租樓的話
還好，適應不來還可以搬走。但如果是買樓的話，就未必能夠那麼瀟灑
話搬就搬，可能要長期忍受； 除了是要考慮自己居住時之不便外，更
要盤算日後賣樓時，會否因地點不方便而被壓價，甚至難於「甩手」。

再者，泰國天氣炎熱，僅僅在街上遊走數分鐘，對於一些人而言已是吃
不消的苦事；再加上泰國人那麼懶，幾個街口都要坐電單車代步，所以
如果物業距離車站太遠，一定較難保值。

同樣步行十分鐘，在泰國行起來可能會像在其他地方行了十幾、二十分鐘
般辛苦，一點也沒有過份誇張。在香港，基本上都是行平路，要避的就只
是人； 但在泰國，十分鐘路段可能要承受好天曬、落雨淋之苦外，還有
很大機會要在窄窄的路上上落落（因為慣常這裡入住宅和商廈的車路兩
旁，是會加高作為行人路的）。所以，烈日下步行已經是苦事，但還未及
在下雨天時，大家要撐着雨傘互相「比武」之苦。就是稍為幸運地居所附
近建的是平路，亦要小心被那些違規剷上行人路的電單車所撞倒。

第二章　置業篇

另外一點，大多數未在泰國住過的人不會想到，就是水浸問題。泰國跟其他東南亞國家一樣，每年都有半年以上時間會下雨，而且很多時候還是非常大的雷雨，再加上這裡的渠務問題，往往在下雨天會造成嚴重水浸現象，動彈不得（可上網尋找二二年九月和十月份之泰國水浸新聞作參考）。明明已到街口，平時只需幾分鐘步程便可歸家，但無奈大雨加上水浸，交通大擠塞，不難想像到是如何無助的情景吧。

在泰國遇上街道水浸是「家常便飯」。

41

05. 買市區抑或外圍樓

假如物業是打算買來自住的，那便要考慮過來泰國生活後之活動範圍。假如已退休後不用上班，那便不一定要住市區了。

聽一些朋友説，近年多了很多地產代理在香港推售泰國樓，偶然也會被詢問意見，這個樓盤怎樣，那個樓盤如何？甚至有朋友説，泰國樓好似好抵喎，幾十萬港元便可買到層樓。

對，幾十萬港元在泰國仍然是可以買到層樓，但係就不要有什麼期望了。我的忠告是，切勿因價「細」而買。

首先，在買樓前最好冷靜地想清楚，究竟想在泰國買樓之目的，是用來收租？作一年兩三次短居度假？抑或置作日後移居泰國自住之用？

泰國地方實在太大，曼谷以外的地方，由於都只是局限於旅遊體驗，恕難分享什麼心得。所以，只就泰國首都圈稍作分享。

我個人認為，買樓跟買其他貨品都是一樣，就是要「睇餸食飯」。誰不想擁有一層豪宅，但手頭只得「雞碎」那麼多的錢，還是現實點好了。

除了「錢」那先決條件外，隨着要考慮是置業目的。假如物業是打算買來自住的，那便要考慮過來泰國生活後之活動範圍。這正如在香港生活一樣，退休後不用上班，那便不一定要住市區了。同樣道理，如果是一家大小過來的，那便要考慮物業與公司和學校的距離。倘若是打算過來

退休，也要考慮之後的生活模式，如果只想過些平淡生活，又不想投資太多，那麼住在市區外圍也未嘗不可。但假如銀根不是太緊的話，我還是較傾向於買市區物業。

據我所知，一些在港銷售的泰國樓盤，賣點除了是價廉外（只是相對香港樓價高昂而已），就是鄰近未來會興建的鐵路站，會有升值潛力。那些樓盤就是現時位處較偏遠地區，只是寄望日後鐵路站啓用後才較易出入，那麼便要盤算一下其值博率了。順便一提的是，日後就算真的有鐵路之便，車資亦未必會平得到那裡。再者，除非打算活動的地方就在那附近，否則每次出市區都會是趟長征似的旅程，這點便需要作出取捨了。

至於從投資保值角度考慮，樓宇位置的方便度是一重要因素，即等同港島樓與新界樓的分別。尤其是曼谷市中心地少，所以基於供求關係，長期而言地價理論上都在上升，帶動樓價亦有機會穩步上揚。當然，市區樓與外圍樓的樓價分別頗大，但試想想，外圍的土地還在不斷開發，供應源源不絕，除非所擁的單位是什麼特色戶，有過人之處；否則，日後要以好價出租或出售，似乎難度有點高呢。

06. 大使館金融商業區

> 由於這區有為數不少的國際大機構，因此外國人在
> 這區生活，就算是不懂泰文，日常用英語與本地人
> 溝通，大致上都不會有太大問題。

沙吞（Sathon）是出名的曼谷金融大使館區，一端有 Chongnonsi、Surasak 和只建了一年多的 Saint Louis BTS 站。另一端則有 Lumpini 和 Silom MRT 站。

這個區就像香港的中環，數得出的具規模銀行，例如盤谷銀行、渣打、中國銀行、大華，滙豐等都集中在此。還有，此區有多幢的甲級商廈。至於大使館方面，則有英國、德國、丹麥、沙地阿拉伯、新加坡、馬來西亞等等。知名的星級酒店如 W Bangkok，Le Meridien，So Sofitel，The Standard，Banyan Tree，Sukhothai 等均位處此區。而香港經貿辦的辦事處也是設在這裡。所以，在平時上班日子，此區充滿朝氣，但在周末則非常寧靜（這裡並沒有如中環般的外傭聚集），亦因為少了上班族，所以此區在周末很多食肆都不會營業，這是唯一要考慮的。

由於這區有為數不少的國際大機構，因此外國人在這區生活，就算是不懂泰文，日常用英語與本地人溝通，大致上都不會有太大問題。基於這是重要的使館金融區，故此街道都建設得較為寬敞整潔。

雖然此區並非市中心，但地點算是靜中帶旺，去那裡也頗為方便。由 Chongnonsi 站搭 BTS，兩個站已可到四面佛，三個站到 Siam Paragon 商場，又或從另一方向乘三個站，已可到昭拍耶河邊搭船到 Icon Siam 商場（當然亦可多搭兩個站，轉駁 BTS 新線）。如果住近 Lumpini MRT 站那邊，還可步行往曼谷市出名的大公園 Lumpini Park 跟曼谷市民一起跑步做運動呢。

醫療配套方面，香港人熟悉的所謂星級醫院 BNH Hospital 就在此區。其他選擇還有 Saint Louis Hospital，Bangkok Christian Hospital，又或另一間鄰近的 MedPark Hospital，頗為方便。

具備以上所述的地理位置優勢，故此普遍這區的樓價不算便宜，但這亦是相對的。由於區內有為數不少的銀行、金融機構，以及使館人員上班，所以如果打算在購買物業後放租，理論上這區也會較易找到一些高質素租客的。倘若是自住的話，鄰居的素質就更為重要。長遠而言，在投資保值方面考慮，這區的地點優勢，應該會有較佳保障。

沙吞區打卡地標。

泰國宜居
เมืองไทยน่าอยู่

07. 發展中的「品味」住宅區

> 地產代理會以類同香港的上環或西環來形容這一帶，其實這裡大多數都是些舊式小店，充滿着歷史味道和有待陸續開發的社區。

Prakanong 和 On Nut BTS 站附近，近年也多了外國人選擇居住，原因簡單地說有兩個：其一是這裡搭車往日本人貴價購物消閒區如 Phrom Phong 和 Thonglor，都只是幾個 BTS 站；就算是往四面佛 Central World 一帶市中心，搭 BTS 也可直達，不用轉線，僅需半小時車程，尚算方便。其二就是價錢問題，無論租金或樓價都比較相宜。

有些人，尤其是地產代理和發展商，會以類同香港的上環或西環來形容這一帶，包裝成什麼「品味」「型格」住宅區。其實，這裡大多數都是些舊式小店，充滿着歷史味道和有待陸續開發的社區。大型高檔的商場這裡就欠奉了，但較平民化的大型超市和小型商場例如 Summer Hill 之類還是有的。

如果真是要逛大型商場，那麼就要搭兩、三個 BTS 站或巴士往 Ekkamai 站旁的 Gateway Mall，或另一方向往 Bang Na 站轉車往 Central Bangna 商場或者 Bangna Mega Mall 了。談到 Bangna Mega Mall，不得不提的是曼谷市最早有的 IKEA 家具店就在那裡，而且商場超大，行一整天也可以。

喜歡打高爾夫球的朋友，就會給這區加點分，因為在 Ekkamai 站與 Prakanong 站中間，有個高爾夫球練習場，很多日本人都愛在那裡玩的。

此外，也值得一提的是 Prakanong 有個頗大的濕街市，類似香港的灣仔街市般，行厭了超市，可以多個選擇來這裡逛地道街市，能夠買到鮮肉和新鮮蔬果。

究竟這區是否所謂的「品味」「型格」，就真是見仁見智了。正如我在另一篇幅有所建議，不妨自己親身到訪感受一下來個結論。但論交通出入的方便度，在區內已可自給自足地容易買到日常生活所需，並且更重要的是樓價較為相宜，這住宅社區畢竟也是值得考慮的另類選擇。

Prakanong 區。

08. 就近機鐵站住宅區

> 在 Ratchathewi 站附近居住,只需搭一個 BTS 站已可到 Siam Paragon 商場。MBK Centre、曼谷藝術與文化中心、甚至 Siam Square 也是近在咫尺。

可能很多遊客都未嘗試過在曼谷坐機場鐵路(Airport Rail Link),因為在素萬那普國際機場搭的士到市區,真是頗為方便(除了很大機會在市區遇上塞車);但有時間的話不妨一試,約半小時便可從機場到達市區,車費更是平到笑(對比市區搭 BTS 和 MRT),僅需十餘元港元。機鐵市區總站就在 Phayathai,由那機鐵站更可接駁 BTS Sukhumvit Line 往其他地點,就是那麼方便。

機鐵站附近除了 Phayathai 外,還有 Ratchathewi BTS 站。這一帶基本上是商業住宅區,兩者混為一體。如果是在 Ratchathewi 站附近居住,只需搭一個 BTS 站已可到市內出名的 Siam Paragon 商場(如果喜歡的話,甚至可以徒步前往)。MBK Centre、曼谷藝術與文化中心、甚至是剛經過翻天覆地重新打造,就像東京澀谷的 Siam Square,也是近在咫尺。

而往另一方向走,一、兩個 BTS 站已可到曼谷的「旺角」Victory Monument。再搭多一、兩個車站,便可到 Ari 區蒲咖啡店,逛 La Villa 型格商場(與 J Avenue Thonglor 風格類似),並且可在那超市買到各式入口食物和用品。再稍為走遠一點,出名的 Chatuchak 恰圖恰市集就在那處。而曼谷的貴族市場 Or Tor Kor 亦在那附近,可以買到各式各樣的高檔食材、生菜、甚至是游水貴價魚,是否很吸引呢?還有,曼谷

市最近落成的新火車站 Bangsue Grand Station 亦是在 Chatuchak 那邊，以後長途火車都會在這個新車站發車，所以交通配套算是頗為完善。

至於醫療配套方面，區內較知名的有 Phyathai 1 和 2 兩間醫院，還有兒童專科醫院 Queen Sirikit National Institute of Child Health。

閒時喜歡逛公園的，附近有 Santiphap Park，雖然不算大，但勝在就腳。肯稍移玉步，往 Chatuchak 吧，那裡有超大綠化地帶。三個公園 Chatuchak Park、Queen Sirikit Park 和 Rot Fai Park 併在一起，基本上都是平路，不似香港動植物公園般而上下斜坡那麼辛苦。園內栽種了很多漂亮的花卉和植物，要欣賞花、撲蝴蝶、見松鼠，那裡更是不二之選。

區內的購物中心。

09. 日本人高級住宅區

> 穿梭於此區的橫街窄巷,大家自自然然便會感受到
> 那濃郁的東洋風。除了無數的日式料理,居酒屋,
> 咖啡店外,還有專做日本人生意的美容院。

在曼谷,Phrom Phong、Thonglor 和 Ekkamai 一帶,可算是日本人住宅區。尤其是前兩者,更會被視作高價樓集中之地。

當一出 Phrom Phong BTS 站,大家便會立刻感受到那股貴氣,因為車站的一邊是早年已開業的 Emporium 商場和百貨公司,另一邊則是近年才建的 Emquartier 大型商場。所有大家熟悉的名牌貨品,都可以在這裡找到專賣店。高級食肆無論在商場內外都多不勝數。稱得上是高級食肆,價錢當然亦會高級些。所以,住在這區,人家對你可能都會看高一線,因為你起碼會被認為是高消費一族吧。

假如哈日族來到這區,一定會感到很興奮。因為碰口碰面的,除了是高消費的遊客,又或者是穿得花枝招展的泰國靚太外,便是那些居泰日本人(真的很難想像原來有那麼多日本人居住在這城市),場景就彷如已經置身日本街頭般。在曼谷,若要買日本貨品和食物,如果在這區買不到,相信都很難在其他地方找到了。

穿梭於此區的橫街窄巷,大家自自然然便會感受到那濃郁的東洋風。除了無數的日式料理,居酒屋,咖啡店外,還有專做日本人生意的美容院,按摩店,卡拉 Ok,若果不是間中有泰文的出現,還真的以為正身處日本呢。

這區有數間大型的日式食品超市，可以買到來自日本的食材和高質素的餸菜（包括日本和牛和海鮮等），但價錢當然亦要有心理準備是高級日本價啦。順便一提的是曼谷市其實很難買到質素好的牛肉，但這區的日本超市就是那麼 Ichiban。所以，我自己間中也會專程前往光顧，以飽口腹。

這區交通可算是非常方便（都是那句，要在 BTS 站步程十分鐘內，請參考前面的文章解釋），只需搭數個站高架鐵路，便可到市中心如四面佛和 Siam 等地方。如想搭長途旅遊巴，往芭提雅、羅勇等地度個陽光海灘假期，Ekkamai 站旁便是旅遊巴車站。幾乎所有所需日用品和食品，均可輕易在區內買到。

就我個人意見，這區是個高級和高消費的住宅區。惟仍有兩處我是不太喜歡的：其一是這區的街道較窄，兼且大部分行人路都不平坦，需要上落上落地移動，稍為辛苦；其二是這區有不少夜蒲點，入夜後相對較雜，要多加小心。

整體而言，這裡算是可獲高分的住宅區。再加上 Phrom Phong 高架鐵路站旁的 Emsphere 大型購物商場即將落成，到時曼谷市區第一間的 IKEA 家品店在此開業後，定必會更加帶旺這區，再為這區加添貴氣。假如買樓或租屋預算較充裕的話，可以考慮一下這區。

驟眼看以為是身處日本街頭。

10. 變身中河岸住宅區

> 居住在此區，可以細意品嚐泰國古樸平民化氣味，
> 亦可選擇另類不一樣的高雅奢華的灡太生活，好不
> 寫意呢。

如果不喜歡市中心那熙來攘往的生活環境，希望能夠享受優美曼谷河景的話，可以考慮 Krung Thon Buri 和 WongWian Yai BTS 站，又或者是只開通約兩年，同屬 BTS 營運的 Gold Line，在 Charoen Nakhon 和 Khlong San 站一帶。曼谷市著名的昭拍耶河（Chao Phraya River）就是近在咫尺。

以前，這裡可算是舊區，沒有什麼特別，較可取的便是靠近河流而已。如果是喜歡靠河而居的，這一帶是不錯的選擇。河的兩岸有數間國際知名的星級酒店，例如文華東方、喜來登、半島、希爾頓、香格里拉等，所以不少電影也曾經被吸引來這一帶取景。

但近年，這一帶已不可同日而語了。很多新建築設施和景點，相繼在過去幾年間陸續落成，所以如今這區可算是新舊交替，而且還在繼續開發中。這區近年最矚目的新建設項目，相信必屬那大型高檔商場 IconSiam了，日本高島屋百貨就在那裡，還有無數的國際著名品牌時裝店和食肆，足夠消磨一整天。之前 Gold Line 未開通時，來這裡的交通委實有點兒麻煩，但如今已方便得多了。

此外，河的對岸於兩年前又因為四季酒店的進駐，令人更對這區刮目相看。一些新構思，例如昭拍耶河畔長廊，也許會在未來日子落實興建，繼續活化該區。

居住在此區，可以細意品嚐泰國古樸平民化氣味，亦可選擇另類不一樣的高雅奢華的濶太生活，好不寫意呢。如果所居住的單位是坐擁河景的話，那麼便恭喜你了！因為你未必會想像過的煙花匯演，將會不時出現在你眼前。泰國人真的很喜歡放煙花，差不多每星期都會放一、兩晚數分鐘的煙花，頻密程度是否難以想像呢？但又不要誤會，以為是小朋友玩煙火「小兒科」那種；事實上，那短短數分鐘的煙花匯演，比香港的甚麼詠香江還要精彩。通常發放地點，就是在 IconSiam 和四季酒店對出位置。物業如有此景觀，怎會不被加分呢？

最後值得留意的是，雖然現時已有 BTS 可達，但這區仍然經常會出現塞車狀況。尤其是在上下班時段，下雨天就更會是惡夢一場。故此，打算駕車的朋友，要慎重考慮這點。

河畔的五星豪華酒店。

11. 買樓可省卻律師費？

不少泰國人買賣樓宇真的會「私下處理」，不假手
於律師樓。但交易過程「未必需要」是否真的代表
「並不需要」？

這是另一個有趣問題，基本上在香港買樓是不會問的；但在泰國買賣樓
宇，一些泰國人和地產代理都可能會稱，這裡買賣樓宇未必需要找律師
處理的，可省卻一筆律師費。對！知道有不少人真的會「私下處理」，
不假手於律師樓。但要值得三思的是，「未必需要」是否真的代表「並
不需要」？

記着，這裡是泰國，我等外國人在這地方最「蝕底」的就是語言和文字
上的溝通，再加上各地處事方式、法律制度和程序都有所不同，真的值
得博嗎？就我個人經驗，一間好的律師樓至少可以在以下範疇幫得上
忙：

1. 查冊轉名登記

律師樓會向土地註冊處進行查冊，以核實賣家身份是否符合法定地位進
行交易，並代買家向土地註冊處辦理轉名手續。

2. 翻譯文件

在樓宇買賣過程中，會涉及大量文件；說真的，根本一般人是無可能亦
不懂翻閱那麼多文件（起碼我不懂呢）。律師樓是會將一些重要文件翻
譯為外語（宜事先訂定），以幫助外地買家多加瞭解才進行交易。

3. 買賣合約

律師樓會代買家審視相關的樓宇或土地買賣合約，如發現當中有對買家
不公或不利條款，理應指出並代為交涉。

4. 與發展商、賣家和地產代理交涉

正如上述提及，往往在買賣過程中，會在合約訂定和執行上出現各種問
題；假如當中已有在地律師樓的介入，與發展商、賣家和地產代理的交
涉，定會順暢得多（正所謂人離鄉賤呀）。

5. 代收訂金和尾數

最穩妥的做法是將所有買樓的相關費用（訂金和尾數），都直接付予代
表律師樓託管（當買家未能在泰國開到銀行戶口前，這點更為重要）。
然後，代律師樓查核每宗繳付要求後，才代買家支付各筆費用。都是那
句，對方知道要和律師樓交手，怎樣也會有所忌諱，不敢過份胡作非為
的。

6. 在地專業意見和責任

正所謂各處鄉村各處例，我們不要期望所有買賣樓宇手續都跟香港無
異，所以在地法律專業意見和經驗更是需要。再加上就是如何盡責的律
師樓，也無可能將所有文件翻譯過來，所以在泰國買樓，有時真是講個
信字。但至少是信任代表你的律師，而非賣樓一方。況且，如果律師樓
出錯，起碼可以追究其責任吧。

雖然以上談及的大多數都是從買家角度衡量，但就算是日後賣樓時，透
過律師樓處理事宜，總比自己在一知半解的情況下私下交易較為安全，
避免日後發覺留有「手尾」時，才作補救之苦惱。值不值得為要慳筆律
師費而擔驚受怕，自己衡量吧。

12. JP 的重要性

> 就算是物業外觀如何美觀，物業銷售條件如何吸引，但如果管理質素差劣，可想而知物業日後定難保值，一旦入局便後悔莫及了。

本書在「買泰國樓要注意事項」篇幅已有所介紹何謂 Juristic Person（簡稱JP），我們外國人對 JP 這名稱絕對陌生，甚至會誤會是什麼人來的。瞭解後，還不就是管理公司吧了。

基本上，多層式公寓（Condominium）都是會由 JP 負責管理的。運作方面與香港模式類似，公寓業主們在收樓後，會成立業主管理委員會（Co-owners' Committee），然後會委任一間物業管理公司做 JP，負責公寓日常運作事宜。簡而言之，JP 是由業委會授權和監察，並向其匯報。

為何需要特別講解 JP 的重要性呢？為什麼又會建議最好在買樓前先到訪 JP 辦事處一趟呢？道理很簡單，就算是物業外觀如何美觀，物業銷售條件如何吸引，但如果管理質素差劣，可想而知物業日後定難保值，一旦入局便後悔莫及了。

另一方面，要明白泰國這裡的物業，並不是每一幢都適合外國人居住的。我們外國人的文化和要求，未必能完全接受到「地道式」管理，如果物業是由外資或具知名度的物業管理公司負責打理（但要視乎管理委員會如何管理了，物業管理公司是可以隨時被他們撤換的），起碼信心也大些，更重要是與外國人的溝通能力也稍高一線。

第二章　置業篇

在購買物業單位後，預算第一件要與JP協調的事情，應該會是「搞裝修」了。藉此機會，跟他們先作溝通，瞭解有什麼手續要事先申辦，例如所需費用（如按金、清潔費等），裝修規定（如周末可否做某些工程），裝修公司和工人登記等。這次的初步「交手」，便可感覺到JP辦事處的處事態度，對業主們的友善度和與外國人的溝通能力了。

泰國的JP與香港的物業管理公司比較，這邊所涉及的範疇較廣及較微細；這裡的管理工作，除了一般所理解的物業清潔，保安、公共設施維護保養等事宜外，也包括收水費，收信，收包裹等（這裡郵差和速遞員只會一併交予JP辦事處代為處理，所以，如果辦事處職員工作態度「馬虎」，這便麻煩了）。

此外，泰國的多層式公寓都是會有一組水電技工長駐，方便保養和修理公共設施，這技工團隊亦是隸屬JP所管理的。所以，單位如遇到一些問題，需要找技工幫忙，可以往JP辦事處尋求協助。 如不是太大問題，理論上是不用付費的，但當然最好還是私下給幫手的技工人員些少小費，大家都開心。所以，怎可以不認識JP的角色和重要職能呢？

13. 樓宇業主每年使費

> 不覺地已經住上了五年多時間,切實見證了在泰國作為業主,原來每年使費相對很多國家都算平宜。

起初移居泰國時,由於沒有親身體驗過在這裡的實際支出,兼且很多網絡上的資料都是過時或者是零碎的,所以在移居首年,心理上總是擔憂似遺漏了要繳交什麼費用的。如今,不覺地已經住上了五年多時間,切實見證了在泰國作為業主,原來每年使費相對很多國家都算平宜。以下便是一些基本支出:

水電

水費和電費是按各單位用量計算。以三、四人家庭計算,水費應該都是每月幾百泰銖左右,電費則較貴,與香港電價相差無幾,視乎個人用量計價。

管理費

如果是共同管理的大廈或屋苑,由於有不少共用設施需要聘請人員打理,例如停車場、花園、泳池、健身室、電梯、清潔工、保安員等等,所以各業主便需每年按其單位面積計算,以繳交管理費(Common fee)方式,來共同分擔日常之管理和維修費用。按法例規定,業主委員會需每年召開年會一次,交代過去一年的收支狀況,並且會作出來年的收支預算,在年會上須取得大比數業主通過,看似是有規有矩的。

第二章 置業篇

保險費

這是約三年前才實行的新規定，業主委員會須為大廈或屋苑購買物業保險，所以各單位業主亦需每年分攤保險費用，但不貴的，每年都是約千餘泰銖而已。

地稅

這地稅（Land Tax）項目，也是自約三年前開始向荒地、農地和大廈等徵收的。正如開首所談及，初到貴境時真的感到奇怪，難道真的只需繳交水電和管理費，沒有其他物業稅項了嗎？我當時曾經查詢過，為何沒有收過稅單之類，以分擔區內公共開支，例如修橋鋪路、垃圾清理、消防和治安管理等，那些開支究竟錢從何來呢？但沒能找到答案。後來聽說地稅項目過往是有的，但只向獨立屋徵收，而未有向荒地、農地和大廈等同樣徵稅。是否太可愛呢！

這裡的地稅其實不算怎麼貴，是按物業面積和物業／土地的種類和市值估價來計算的，一般幾百呎的大廈單位，都只是年繳數千泰銖而已。

曾經發生過這樣的有趣小插曲，由於空置地皮的地稅會較農地的為高，一些「算死草」的泰國地主，就在追收地稅初期，趕緊在其擁有的荒地清除雜草，然後象徵式種植一些植物，以圖減輕稅務開支，但相關政府部門又豈是傻的，所以很多「有心人」還是無功而還，白費心機，製造了笑話一則。

14. 炒賣泰國樓

> 樓盤代理可能會吹噓物業有多鄰近 BTS 或 MRT 站，長遠有多大的升值「潛力」。但要留意那所謂的「潛力」，可會是估計構想出來的。

近年，愈來愈多香港人來泰國買樓。畢竟在泰國置業，入場門檻頗低。例如在曼谷市外圍，仍然能夠以幾十萬港幣買到個一房單位。在香港，幾十萬或許只夠買一個車位，連買樓首期也未必足夠。起碼在泰國便能這麼輕鬆地圓了做個業主夢。亦就是基於這種「香港買樓貴，泰國買樓抵」的心態，一些港人便毅然入了市。

但可有考慮到，泰國的幅員廣大，尤其是在市區外圍地帶，有的就是土地。只要是肯開發，便往往會出現供過於求情況。樓盤代理可能會吹噓物業有多鄰近 BTS 或 MRT 站，長遠有多大的升值「潛力」。但要留意那所謂的「潛力」，可會是估計構想出來的。所說的車站與推介的物業實質距離有多遠，要等多久才會建成，附近的路況和配套設施如何，該區的樓盤供應量等，諸如此類問題均會影響將來的物業價值。香港樓之所以有機會在短時間內炒上升值，其中一個最大因素就是地少人多，供求失衡。但在泰國，土地幾乎要幾多有幾多，真的要小心在供過於求的情況下誤判。

在一個地方購買物業前，大部份人都會先作風險評估，其中最客觀不過的應該是參考該地的平均樓價指數。以下圖表反映了在過去十年，泰國

整體樓價指數，每年平均只有約 3-4% 增幅（當然個別地區可能會有較大波幅）。但普遍而論，在這狹窄升幅的情況下，實難與香港可動輒年翻近倍計的瘋市相提並論。

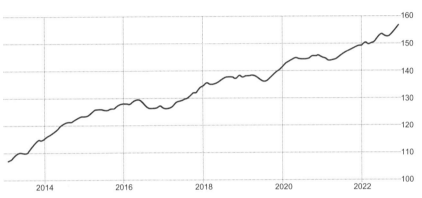

TRADINGECONOMICS.COM | BANK OF THAILAND

千祈不要誤會，以為小弟不鼓勵在泰國置業。只是長期投資與短炒散貨，是兩種截然不同的投資取向。以我個人愚見，在泰國（尤其是曼谷市區）購買中高檔次的較優質物業，長遠而言，風險尚算是不太高的了。如果購置後作為自住之用，住上五年以上，除了不需經常因租約期滿而要辛勞搬屋外，賣樓時應繳印花稅更只需付交易或物業估值價之 0.5%，以較高者為準。幸運的話，每年還可望有少少升值，算是不錯的了。但假如物業在首五年內出售，則需要繳交 3.3% 特種商業稅。這樣的稅務結構，表明不歡迎物業炒賣活動啦。

簡而言之，大家還是別抱着買香港樓的心態，過來泰國投資炒樓，期望會有一朝致富的神話出現。炒賣泰國樓？小心會損手呀！

泰國宜居
เมืองไทยน่าอยู่

15. 泰國租屋的考慮（一）

> 假如是退休移居的話，租屋的選擇多的是，因為無需遷就子女就讀學校或自己上班公司位置。要慳錢的話，可以選擇市中心外圍居住。

有興趣考慮移居泰國的朋友，心裡可能會不斷泛起問號，應該租屋先，抑或是買樓先？

我個人認為，在移居泰國的初期，較穩妥的做法，還是最好先租下一個物業，稍作安頓和多熟悉在地環境後，然後才就買樓事宜作出決定。相比而言，租錯屋的成本有限，但買錯屋的代價可不少，正所謂「易買難放」便麻煩了，宜慎重考慮。當然，先租才後買亦有另一問題，就是至少需要多搬一次屋，這點亦須納入考慮範圍。

假如是退休移居的話，租屋的選擇多的是，因為無需遷就子女就讀學校或自己上班公司位置。要慳錢的話，可以選擇市中心外圍居住。以曼谷市外圍地區為例，一房一廳的單位，萬餘泰銖起也有不少選擇。但這是純粹在到埗初期，找個一般的「落腳點」慳家做法。

銀根不是問題的話，可選擇在未來想長居的心儀地點，先租下單位居住，一段時間過後，定必更深入瞭解該區民情，才作買樓決定。

第二章　置業篇

另一有趣想法，就是在銀両更不是問題的情況下，可以租間獨立屋「嘆」吓。畢竟香港人試過住獨立屋的相信未必那麼多，這可能會是個有趣體驗。而且，我們外國人是不容許在泰國買獨立屋的，因為涉及地權問題。所以，要住獨立屋便趁這時機了。

但為何我又會在嘆字加上括號呢？這純粹是友善提示而已，因為東南亞地區出名多蛇蟲鼠蟻，如果一個唔好彩，有蛇造訪，都咪話唔得人驚。並不是嚇人的，不妨上網搜尋一下泰國蛇出沒事件，曼谷市內也偶有出現呀。不妨諗清楚。

泰國樓可供外國人租住的不外乎是以下三種：公寓／大廈（Condominium）、排房（Townhouse）及獨立屋（Bungalow）。租金多少會視乎下列因素而定：
- 物業面積大小
- 物業所在區域和實際地點（同一地區，但不同地點租金可以有很大差別，愈近公交車站租金亦愈貴）
- 有否裝修和傢俬提供（Furnished 或 Unfurnished）
- 公用設施配套（例如游泳池、健身室、消閑室、小朋友嬉戲設施等）
- 物業單位景觀

當然，租金是可以與個別業主相議的，假如能提供受聘於具規模機構的證明，又或者願意一次過付一年或半年租金，一些業主會心動的。

16. 泰國租屋的考慮（二）

> 地產代理有義務向租戶解答疑問，例如出租單位為何會特別平？確認出租人的身份，是真正業主而非租上租那類情況。

租屋跟買樓的首要考慮，基本上都是差不多，就是要按個人預算和需求行事，尤其是前者。誰不想住進出入方便的豪宅，但如果銀両有限，還是現實點「睇餸食飯」遷就一下吧。

租屋途徑

1. **上網揾盤**——在泰國要找屋租非常容易，最方便不過的便是上當地相關地產網站搜尋，以下提供幾個有英文版本的網站以作參考：

   【Ddproperty】https://www.ddproperty.com/

   【Thailand-property】https://www.thailand-property.com/

   【Hipflat】https://www.hipflat.co.th/

   【Propertyhub】https://propertyhub.in.th/

   【Dotproperty】https://www.dotproperty.co.th/

   【Renthub】https://www.renthub.in.th/

2. **地產代理**——找地產代理是較方便及可靠之途徑。一般而言，租客是不需付經紀費用的（但最穩妥還是事先確認）。理論上，地產代理會按客戶租金預算和需求（例如小朋友遊戲設施、可否養寵物等），搜羅手頭上的租盤，然後安排睇樓。但最好還是詢問多幾間地產代理，因為可能有些是獨家代理盤，儘量貨比三家吧。

3. **直接上門**—尤其是一些新樓盤，可向發展商或其代理查詢可供出租之
   單位。

4. **朋友介紹**—如果有朋友是泰國當地人或已移居泰國的港人，不妨看看
   有什麼好介紹。

5. **與業主會面**—必須要求與業主會面，確認業主身份。會面時可以感覺
   到業主是否友善，日後物業單位有問題時，可否溝通得來和會否願
   意協助。

租屋需要留意細節

租金和按金

確定每月租金多少，要交幾多個月按金（一般為二個月），業主和租客
的各自責任，例如管理費、電器維修費等。

親自或找朋友視察單位

如果人已在泰國的話，應該親自上門視察過物業單位和附近環境，才會
承租的。但大多數出事的，都是人還未到泰國，只靠圖片資料參考，那
便危險了。

多做功課

如今網上資訊發達，很容易可搜尋到心儀區域或個別樓盤資料。在心中
有數的情況下，與業主和代理傾租金時，起碼有所根據，可能會傾到好
價錢。

租約內容

確定租約清楚列明家中各人為合租人,因為日後往入境處、電訊公司和銀行等處理事宜,租約是重要地址證明。雖然一般租期都是一年期,但細則還是可以商討的。例如一些外派外國人,可能會要求加入Diplomatic Clause,在一些雙方同意的特定情況下,租客可以提早退租而不被扣減按金。

經紀角色

雖然地產代理的經紀費,一般都是由業主支付,在角色上似乎是稍站於業主一方。但地產代理仍是有義務向租戶解答疑問,例如出租單位為何會特別平?確認出租人的身份,是真正業主而非租上租那類情況。

更重要的是,屋契和租約又是泰文寫的,我等外國人怎能理解,惟有信那地產代理中間人。如在日後發生問題,起碼多一方可以追究吧。

第三章

日常生活篇

01. 泰國冬蔭公飲食文化

> 泰國人幾乎在炮製每樣食品時，都會很慷慨地放入
> 大量的油、鹽、糖、豉油、魚露等，就像那些調味
> 料是不用錢買的一樣。

以前過來泰國旅遊，冬蔭公差不多都是每次必食之選。雖然我不是個嗜辣的人，但還是會被那股酸酸辣辣加上椰汁和各式香料融會一起的味道所吸引。但搬來泰國住之後，反而點這道菜的次數，卻是屈指可數。畢竟年紀大了，要多些注意健康吧。

冬蔭公這道菜，我個人認為是泰國飲食文化的代表作之一。味濃加上大量香料淆製而成，而泰國人就是喜歡那麼重口味的食品。煎啦、炸啦、甜啦、辣啦、鹹啦，總之越重口味，他們似乎就越喜歡。所以，移居泰國後，有些時候與香港的朋友們分享這裡的飲食文化，我都喜歡這樣說笑：「在泰國，基本上不會擔心餓死，但大多數卻可能會係甜死，哈哈哈~~~」（我所指的「甜」，其實是泛指其重味道）何解？因為在泰國，可以平至三、四十泰銖已經可以買到食物醫肚（不要深究那是什麼了），所以一定不易餓死。反而，泰國人幾乎在炮製每樣食品時，都會很慷慨地放入大量的油、鹽、糖、豉油、魚露等，就像那些調味料是不用錢買的一樣。那麼食法偶一為之還可以，長期而言一定死得！

聽講他們這種重口味飲食文化，是源於古時泰國人多以務農和做勞力工作維生，所以有需要食得那麼重口味來作補充。但現在人們的生活和工作模式已大有改變，所以如今連泰國人也開始接受少糖飲食模式。最明顯的例子是泰式奶茶，傳統口味的一定很甜，但如今在很多咖啡店和奶

第三章 日常生活篇

茶店買飲品時，店員都多數會主動與顧客確認甜度，只要跟他們説 Less Sweet 或 Less Sugar，都會明白的了。

還好，在泰國尤其是曼谷，除了泰式餐館外，還有各式各類的其他國家菜式可供選擇。但話雖如此，這裡的外國菜，很多時已經滲入本土味道，所以經常會出現「驚喜」；明明所點的是最穩陣的肉醬意粉、夏威夷 pizza，又或者是什麼中式什菜湯，怎麼會有那麼多辣椒和胡椒粉的，弄到食得滿頭大汗。所以，在食肆落單時，如果唔食辣的，還是要再三叮囑他們「走辣」為妙。

總之，在泰國出街用膳，要有心理準備在烹調過程中，一定已落了不少「功夫」才泡製得那麼美味。如果想吃得健康點，還是多點在家中煮飯吧。

嫌廚師唔夠重手的還可以自助加料。

02. 叫外賣文化

> 那些平台落單時最大的挑戰，是未必每樣食品都有英文註釋，很多時候都是「看圖識字」，一味靠估。

泰國人喜歡吃，相信很多人都知，否則不會通街都是那麼多餐廳食肆和咖啡店吧。

在泰國生活，除了一定會去食肆用膳外，叫外賣文化之普及程度，相信也可算是這裡的特色之一。也許是泰國地方大，並且天氣熱，再加上泰國人出名懶，多行幾步也要搭車（有趣的是他們又肯花費去健身室做運動，多諷刺）。當然，外賣平台的落單方便度和推廣優惠，亦應記一功。

由於這裡的外賣文化太普及，是門大生意，固然會吸引不少商家參與其中來分一杯羹。外賣平台包括 Grab food、Food Panda、Robinhood、Lineman，Gojek 等等； 競爭可算激烈，但對我們一眾消費者而言，有競爭當然是好事吧。

雖然香港近年也多了人透過那些外賣平台叫外賣，但我回到香港也不甚願意幫襯，可能是看過那些送餐不甚衛生的報導吧。況且香港地方實在太細、太方便，何需假手於人，費時失事（純粹個人喜好）。話說回來，泰國的外賣員雖然也不見得怎麼整潔，但至少大多數食肆在餐具包裝上都有費過心思，例如飲品和食物有被封口，減少被送貨員「先食為快」及「異度污染」的風險。

此外，如果你住的是 condo，基本上送貨員是上不了樓的（這是好的保安措施）。所以，當外賣送到時（外賣平台會發送電話訊息通知的），一是你到樓下收貨區當面交收食物，又或者是送貨員會拍照發送訊息給你證明已放下食物（這種情況是你已在落單時付款），你方便時才下樓取食物。但有些時候，可能一時忘記了，到取食物時已經不是「新鮮食品」了。而且，更不時會發生食物「不翼而飛」的情況，要四處訪尋，有機會被其他人錯取食物。所以，我個人都還是較傾向一手交錢，一手收貨方式，較為穩妥。對於我這類不甚懂泰文的外國人，在那些平台落單時最大的挑戰，是未必每樣食品都有英文註釋，很多時候都是「看圖識字」，一味靠估，所以間中也會有機會中伏，惟有當交學費吧。哈哈！

在泰國叫外賣還有另一個吸引之處，就是那些食肆和外賣平台，不時也會提供所謂限時優惠，例如免送貨費、部份食品減至半價或特價優惠等，難怪泰國人會那麼喜愛線上叫外賣。所以，來到泰國，怎樣都要體驗一下吧。

在食肆外等候的外賣速遞員。

泰國宜居
เมืองไทยน่าอยู่

03. 士多啤梨蘋果橙

> 泰國都幾似香港的七、八十年代，生活消費可平可貴。這裡由於樓價和租金相對便宜，所以仍然還可以四、五十泰銖買到單餸飯或泰式炒河。

一聽到「士多啤梨蘋果橙」這串字，便可能被誤會在講「粗口」，其實我只是想藉此談談這裡的生活指數而已。曾經被很多朋友問過，泰國的生活使費是否很便宜。有些朋友甚至看過一些文章，稱在泰國每月消費僅需幾千蚊港紙，問是否屬實。

要衡量一個地方的生活指數，相信最直接不過的，便是按其日常生活用品和食用品價格，來客觀地計算比較。右表是二零二三年初，在曼谷超級市場售賣的一些食品和日用品大約參考格。

貨品名稱	售價（泰銖計）
士多啤梨 （盒計 280g）	230
蘋果 （每個計）	29
橙 （每個計）	30
車厘子 （盒計 350g）	500
鮮奶 （樽裝 830ml）	47
可樂 （罐裝 325ml）	16
雞蛋 （盒裝 10 隻）	60
豆腐 （盒計 300g ）	35
菜心 （每公斤計）	165
雞翼 （每公斤計）	150
豬肉 （每公斤計）	200
牛肉 （每公斤計）	440
雞胸肉 （每公斤計）	78
樽裝礦泉水 （一公升）	15
白麵包 （220g）	32
抹面紙巾 （6 盒計）	130
廁紙 （10 卷計）	200

第三章 日常生活篇

就讓我先回答在泰國每月消費是否僅需幾千蚊港紙的問題。答案是絕對可以。在曼谷外圍地區，基本上幾千泰銖便可以租到一間百餘呎，有基本設備的「納米」住宅單位。假如每餐都是在外邊買海南雞飯、豬腳飯、泰式炒河那類碟頭飯餸，六十餘泰銖一餐吧，加上飲品和一些雜糧，每天預算約三百泰銖。即每月伙食約一萬泰銖。就算是再加上水電、電話網絡、一般醫藥費、交通費、娛樂費等，理論上四萬泰銖（約一萬港元）應綽綽有餘。

某程度上，泰國都幾似香港七、八十年代，生活消費可平可貴。這裡由於樓價和租金相對便宜，所以仍然還可以四、五十泰銖買到單餸飯或泰式炒河。至於是否可以長期那樣生活，就要視乎個人取態了。

由於泰國是個極端貧富懸殊的國家，四十餘泰銖買個不像樣的菠蘿包，百餘泰銖買一個所謂法式牛角包，在間普通咖啡店買件蚊型蛋糕索價兩百多泰銖，幾十至百餘泰銖一個進口蘋果，千餘泰銖一盒進口車厘子，還是有些泰國「上等人」眼也不眨地，隨意地購買。所以，在泰國生活，消費可以很貼地，亦可以很富貴，絕對是豐儉由人。這個地方嘛，並不是如很多人想像的那麼窮困呢。

泰國不缺本土和進口生菓。

04. 咖啡控天堂

> 雖然很多人都説泰國人懶，但在咖啡拉花方面，泰國人就是絕不欺場，似乎樂在其中。

在香港，見過一些朋友到咖啡店「打卡」，拿著一杯拉了花的咖啡珍而重之地不斷拍照，彷似是難得一見的模樣。

對於泰國人而言，咖啡拉花或者雕花其實是慣常不過的事情。初來泰國居住時，也會有那種欣賞心態。雖然很多人都説泰國人懶，但在咖啡拉花方面，泰國人就是絕不欺場，似乎樂在其中。以前未清楚其文化，曾經買了杯咖啡外賣，當打開膠杯蓋時，欣然發覺原來也是有拉花，雖則杯蓋是有「掩」那種，可以揭開直接飲用的。如果不是打開了杯蓋，根本不會留意到。換轉是香港，有此心思用心去做的咖啡店，相信不會有多少間。

在泰國飲咖啡，有平有貴。平者可以四十餘泰銖（約港幣十元），便可在街邊檔口買到一杯外賣咖啡，味道還算是不太差的。但對於咖啡控而言，那類外賣咖啡豈能滿足呢？稍有裝修的咖啡店，這裡的價位約為一百至百五泰銖之間（即約港幣二十五元至三十五元左右），但需留意有些還會另加約 17% 服務費及税的，可謂絕不便宜，尤其考慮到這裡是泰國。

此外，一般咖啡店售賣的麵包和甜點，雖然賣相和質素未必比香港好，但價錢卻與香港價位相若，甚至更貴，真的不明所以。但話雖如此，那

些出名和靚的咖啡店，卻經常坐無虛席，需要等位入座，講都無人信。這亦正好反映出，泰國的貧富懸殊是多嚴重，一杯咖啡價錢已可抵草根的幾餐飯了。

泰國由於地方大，所以好的咖啡店一般都是較寬敞舒適，坐位間有一定距離，較香港的咖啡店來得舒服。而另一個差別，就是泰國的咖啡店不會理會客人在店內逗留多久，所以泰國人就是慢條斯理地在店內「打卡」，看手機電腦，總之就是要 Chill，懶洋洋地放鬆一下，分分鐘 hea 上三、四小時也絕不出奇。如果是在香港，相信早已被店員的眼神面色「趕」了。

出名具創意的泰國人，擅長將咖啡店包裝得美侖美奐，以各式主題為賣點，例如花花世界、少女夢幻屋、東洋風……等來俘虜咖啡控前往「打卡」。在飲品種類方面，不時也會推出一些泰國限定的創新特飲。所以，就算是我這類不太愛好咖啡的，間中也會被個別特色的咖啡店所吸引，專程去光顧一趟。

假如來到泰國，不妨留意一下，這裡的咖啡店數目，真是可以用「總有一間喺左近」來形容，絕無誇張，不愁找不到咖啡飲。而且，論質素和服務，比香港的更具「性價比」，如果是咖啡控的話，一定會樂此不疲，很享受生活在這咖啡天堂呢。

泰國人就是喜愛蒲咖啡店。

泰國宜居
เมืองไทยน่าอยู่

05. 有錢都無咖啡飲

> 以電子貨幣付款，理論上應該是方便的，但真的不明所以，眼見泰國人在用電子貨幣結賬時，總是要花上大半天時間才能完成交易。

說笑嗎？竟然有錢都買唔到咖啡飲？！

泰國人其實很接受「無現金交易」這回事，喜歡用各式的電子貨幣結賬。就以那間「S」字頭的國際大咖啡集團為例，早兩年已經不接受現金交易，所以就算是身懷鉅款，也不能買到一杯咖啡飲。以為是因為疫情嚴重關係而推出的短暫措施？非也。就算是如今泰國已大解放，無需戴口罩，遊客亦無需提供打針證明，但此「無現金交易」措施依然還在實施中，看來是長遠政策了。所以，還是隨身帶備信用咭（但又並非所有商戶都接受）或電子錢包（較為普及）為妙。

在日常生活上，泰國人用電子貨幣購物可算是非常普遍，接受程度比香港人更高（起碼我仍會在有得揀的情況下，較傾向選擇現金消費，畢竟是簡單快捷，無懼洩露私隱和資料）。再加上商戶們大力推廣，很多商品促銷優惠都有電子錢包限定；就算是在一些特定推廣活動，例如是「光棍節」，很多商品優惠亦只會適用於線上購物而已。至於透過外賣平台叫外賣，甚至是訂車，用電子方式付款也有不同的折扣優惠，消費者對那些「著數」又豈能抗拒呢？

以電子貨幣付款，理論上應該是方便的，但真的不明所以，眼見泰國人在用電子貨幣結賬時，總是要花上大半天時間才能完成交易。所以，每當在超市排隊結賬時，如果知道前排有用電子貨幣結賬的，我都會轉往排另一條隊；否則，真的不知道會耽誤多少時間。但對泰國人而言，「慢慢來」正是他們的生活節奏，何需那麼急？我等香港人過來這裡生活，惟有入鄉隨俗吧。

無可避免地，利用電子貨幣交易日後將會成為潮流大趨勢，但私隱和保安方面仍是存在風險，尤其是在泰國，眼見他們如何處理個人資料（雖然泰國也有個人資料保障法例 Personal Data Protection Act，但問題就是如何執行），安全性實在是一大考慮。就以近期（二二年十二月發生）的一則事件為例，電子駭客透過這裡一間頗知名的網上購物平台（剛巧又是「S」字頭的），竊取用戶之銀行資料，無需經過一次性密碼（OTP）驗証，便直接轉走用戶銀行金錢，可以不擔心嗎？

06. 泰國水質問題

> 在香港和英國都是有定期清洗水缸動作的,但在泰國住了幾近一年,連一次清洗水缸也沒有做過。

作為遊客,以前過來泰國旅遊,那會理會這裡的水質問題,反正酒店基本上都會有樽裝飲用水供應,就那短短幾天時間,何需傷神。

移居曼谷後,由於入住的是新樓,所以也沒有怎樣去理會這課題;因為初期到埗後,要處理的繁鎖事情實在不少。就那麼如常地生活了差不多一年,偶然在一次與友人傾談間,帶出了這裡的水質問題,然後才識得「驚」。

其實,當其時已感到有點兒奇怪的了,在香港和英國都是有定期清洗水缸動作的,但入住了幾近一年,連一次清洗水缸也沒有做過,不甚理解,畢竟當時是初來報到,可能是各處鄉村各處例吧,便沒有多理會了。

雖然,回想那段時間所飲用的水,未至於有怎樣「嘔心」感覺,但絕對稱不上有什麼清純那種。淋浴最明顯不同的感覺,就是頭髮怎樣清洗後也似是有種粗糙感的,奇怪。

後來才知道,泰國的自來水就算是經煮沸過,也是不宜直接飲用的。試想想,從供水源頭經過多少水管才能到達民居,然後再經大廈水缸輸送至各住戶單位,況且這裡是泰國,沒有問題才怪。

在泰國街頭，有些貌似汽水機的物體（見圖），就是供普羅大眾入錢買水（自攜盛水器）的。唔～～～不要問我怎樣，因為其貌不揚，沒有好感之餘，還要帶盛水器去「搬水」？No way！所以，我一次也沒試過，未能分享經驗。

供市民買水的水機。

察覺問題後，我的解決方法是，在這裡購買外地製造的飲用水過濾器（有不少選擇），以及外國牌子泰國製造的淋浴濾水器（相對地選擇較少）。採用後，不知是否心理作用，好似飲用水較之前清新了，淋浴後髮質又似乎回軟了。但自此後，每月開支有多上了約兩百港元，但健康尤關，還是要辦的。

處理飲用水另一解決辦法是，定時在超市訂購樽裝水（這裡樽裝飲用水價錢不貴的，約等於香港一半或六成價錢吧），唯一麻煩的就是要找地方放置那些水樽而已。另外，亦有些人選擇添置整部濾水機，但價錢和所佔位置也要考慮。

至於洗水缸問題，就是各自處理，不同屋苑和大廈可以有不同的處理。作為住戶的，有權提議定時清洗。這些在海外屬於基本動作的，在這裡很多時候還是要三催四請後，才會得到特別跟進的。

泰國宜居
เมืองไทยน่าอยู่

07. 泰國超級市場介紹

> 要在外地生活，認識當地的超級市場是必須的；起碼知道那裡可以買到需要的日用品和食品，其次是價格比較。

以前來曼谷旅遊，多會跟其他遊客一樣，光顧在 Central World Shopping Mall 對面的 Big C，因為就腳和貨品算是齊備。反而，搬來這裡居住後卻甚少幫襯，因為畢竟選擇多的是。下列是曼谷市內主要的超市品牌介紹：

Tops

這間超市在很多商場和一些商業大廈都可見到，在泰國甚有知名度，屬本土社區連鎖超市，很容易找到其店舖。我個人覺得，這是間走中高檔路線的超市。貨品種類算是齊備，價格算是合理（其實泰國很多貨品都是幾近劃一價錢的）；尤其是一些貨品在減價促銷時，往往會有驚喜（但近年減價優惠已愈來愈少了）。店舖差不多每區都有，大多數算是整潔，地方寬敞，逛起來都算舒服。

談到這超市，不得不介紹在 Central Chidlom 百貨公司（就在 Chidlom BTS 站旁）地庫的 Central Food Mall，其實都是由這超市集團所營運。這間「貴婦」超市，有著各式各樣的高級美食，例如進口芝士、各式高檔肉類、蔬果、美酒⋯⋯等。總之，要找「好嘢食」，來這裡沒錯的了。

第三章 日常生活篇

Big C

除了在 Central World 對面那間外，其餘的都是較平民化。提供一般日常生活貨品和食品，基本上種類都算多選擇，但較難在此買到高檔進口貨品。分店頗多，有些地區甚至有 Big C Extra（例如在 On Nut 那裡），但不要被那「Extra」字眼所誤導，以為那超市會是怎樣超級無敵大。其實，就只是一個小型商場，用其牌頭作招徠，裡面還是有如常的普通超市，只不過多了很多賣衫褲鞋襪和雜貨攤檔而已，不要期望太高。

Gourmet

這可算是較高檔次的超市，較多人熟悉的相信是 Siam Paragon 商場地庫和 Emporium 百貨公司內那兩間，T21Asok 商場地庫也有，但不及前兩者。其實該超市集團近年也在個別社區擴展分店。較喜歡這超市的店面一般都較明亮寬敞且整潔，貨品非常齊備，尤其是入口貨品，蔬果新鮮，有機蔬菜更是其強項。唯一不喜歡的是，減價貨品往往只限會員尊享。但要找高級入口食材，還是來這裡吧。

Lotus's

這超市以前是與英國大型連鎖集團 Tesco 聯營的，自從兩年前 Tesco 撤出泰國後，基本上現時所賣的都是很大路的日常食用品，與 Big C 的檔次和走的路線相約，沒有什麼驚喜。

Makro

在這間超市很少會碰見遊客，因為其店舖分佈不是那麼密集，光顧的大多數是餐廳食肆和住在周邊的本地居民。個別店鋪面積可以説是眾多超市中最大的，大到可以用貨倉來形容。餐廳食肆會來這裡入貨之原因，除了是貨品種類繁多外，最重要是這裡很多貨品都有「勁量裝」，價錢優惠，例如蔬菜會以公斤數量計價，所以經常見到顧客買走的並非是一袋或一籃貨品，而是一車接一車的運走。如果家庭人數多，需購較多數量日常食用品的話，這裡是最佳選擇。

81

Villa Market

曾幾何時，這間超市最引以為傲的是他們是最早引入進口貨品的超市，主攻外國人市場。 如今已改以 World of Foods 為號召，顧名思義，這超市現以食品為主打。很多進口食材和日常用品在這裡都可買到，普遍價錢較貴，但不時也會有減價促銷，而且不用入會也可享有優惠。此外，亦有頗多進口酒可供選擇。但略嫌其店舖普遍布置不甚明亮（Sindhorn Midtown 那間例外），好似舊式雜貨舖。近年，其他大型超市連鎖店如 Gourmet 和 Tops 均在不斷革新，其以往做高檔進口貨之優勢，已漸被取代了。

MaxValu

在香港，這超市用 Aeon 之品牌營運，而在泰國，他們則用 MaxValu。這日式超市通常店舖面積不會很大，只是稍為比 7-11 和 Family Mart 迷你市場稍為大些而已。如果要添置日用品和購買食材，未必能滿足顧客需要，感覺就如間「12 蚊」店和細「超市」的混合體，有時間不妨參觀比較。

08. 曼谷的塞車問題

> 曼谷之所以那麼多人駕車，大可能歸咎於泰國人愛面子之性格，有車就等於有地位；揸進口名牌車就更有地位。

曼谷市的塞車問題，臭名遠播。還記得約二十多年前，當時還未有 BTS 和 MRT 的大眾運輸系統，所以搭的士便是有冷氣嘆的唯一交通工具。那天晚上，還要是星期五，還要碰上是下雨天，在市區用膳後回酒店，但就堵在市區 Sukhumvit 大道上，納悶地塞了幾近三粒鐘。我說笑，由曼谷搭飛機返香港的機程，也不用三粒鐘呢。

如今，有大眾運輸系統了，塞車問題解決了嗎？沒有解決，只是塞車情況有所改善。早兩年，有天朋友過來玩，約了吃晚飯。他住的酒店就在 Wireless Road，位於美國領事館附近，不塞車的話，就只需十餘分鐘車程便可到沙吞區的食肆。怎料，那天他坐了一個半小時有多的車，激死！我還戲弄他說那趟行程，可體驗到曼谷下班塞車苦況。

最近，又有朋友過來，說想體驗一下這裡的民生。她住的酒店位於 Phrom Phong，想往四面佛那邊，不塞車的話，也是十來二十分鐘的車程，怎料下午四點左右的時間，也塞了差不多一粒鐘。唉！

根據 The Nation Thailand 於去年十一月廿七日的報導，曼谷已登記車輛數目已達一千六百七十萬，還高於總人口的一千五百三十萬。即表示，平均每位曼谷居民，都有一部車，誇不誇張？

曼谷之所以那麼多人駕車，大可能歸咎於泰國人愛面子之性格，有車就等於有地位；揸進口名牌車就更有地位。其次應該是方便度，很多大廈都附有車位，住獨立屋的就更加不用說，一出門便開車，多方便。車揸了出街，停車場收費又不貴，就算是亂泊於路旁，都甚少見到有「抄牌」，試問稍為富裕的泰國人，怎會那麼辛苦走去搭公交。所以說，曼谷的塞車問題是個死症。

而這個長期困擾曼谷的問題，一天不解決，也會繼續引伸其他擾民的問題，例如空氣污染、電單車劏上行人路等。由市區出機場，一般只需不到一小時車程，但就是為防塞車被堵路上，或者是遇上下雨天就更難估計，預兩小時比較穩妥，但卻無人可以作出保證。這就是曼谷，Welcome ！

曼谷的塞車無日無之。

09. 走在行人路上也危險

> 雖然已經在泰國住了幾年之久，但仍然接受不了那
> 些自私的非法之徒，為求一己方便而剝奪行人安全
> 地走在路上的權利，硬要把電單車剷上行人路。

不是嘛？行人路不就是給人行的嗎？怎麼會走在行人路上也有危險呢？
對呀！如果在香港或者是一些講法治的地方，這根本就不會是個問題。
奈何，這裡是泰國。

以前，未移居來泰國之前，作為遊客，很少留意到這問題，因為一般都
只會逗留數天，而且通常都多以 BTS、的士或 tuk tuk 代步趕行程。但
長居在此後，自然會有較多時間和機會走在路上，問題便出現了。

幾年前搬來曼谷居住時，行人路上還有為數不少的警示紙牌，告戒電單
車駕駛者是不可駛在行人路上，違者會被罰款。但是這麼多年來，就是
從未見過有電單車司機曾經被警察就此檢控，行人走在行人路上，真的
一些安全感也沒有。

住在這裡這幾年間，已不記得曾經有多少次，被那些突如其來的電單車
從身後擦身而過所嚇倒。心想，如果一天真的不幸地被那些非法之徒撞
倒，可以怎樣？告他們索賠償？哈哈，他們有否購買保險，又或保險會
否賠償都是問題啦！

泰國宜居
เมืองไทยน่าอยู่

雖然已經在泰國住了幾年之久，但仍然接受不了那些自私的非法之徒，為求一己方便而剝奪行人安全地走在路上的權利，硬要把電單車剷上行人路。我曾經被那些電單車嚇倒後，向他們表示不滿，而不少的電單車司機都會點頭示意「sorry」，但亦有部份司機還惡人先告狀地，跟你「寸咀」，還說：「This is Thailand！」 即係說，你奈得我何嗎？！ 對呀，尤其是我們外國人，可以怎樣？他們是地頭蟲，懂泰拳，甚至是有槍，真的可以怎樣！

如果一個地方，連走在行人路也驚會有危險的，試想想反映了些什麼問題。無奈地，只能盼望「有法不依」的日子會早些消失吧，阿門。

電單車經常在行人路上危險駕駛。

10. 七天危險期

> 泰國竟位列全球駕駛最危險國家的第二位，僅次於榜首的南非。二零二二年全年，在道路上死亡人數共有約一萬五千人。

不要誤會以為是談什麼危險期，其實所謂的「七天危險期」（Seven Dangerous Days），是泛指每年泰國有兩個重要節日（泰國新年 Songkran 和 新曆新年），於正日前後共七天期間，駕車或乘車都要格外留神，因為在該段期間，交通意外事故特別多兼且嚴重。就以去年（二一年十二月二十九日至二二年一月四日）和今年（日子相同）新年期間，僅在那七天「危險期」，每年均各有萬餘宗交通意外事故，死亡人數均達幾百人，由此可知為何泰國人會稱那幾天為「七天危險期」了。

據稱，初時的「七天危險期」只是指泰國新年那段時間，故此交通意外事故，除了主要是由於醉酒駕駛和超速駕駛等原因外，更由於是已踏入雨季而致天雨路滑及濺水所致。後來，新曆新年的長假期也被納入於「危險期」內。

在剛過去的新曆新年「危險期」，泰國警方為提高駕駛者在該期間安全駕駛的意識，竟使出奇招，推出一項拍片活動，鼓勵民眾拍攝違例駕駛片段，然後警方會揀選最佳和最差的交通違例片，勝出者各可獲發一萬泰銖獎金，是否頗有創意呢？

其實，就算在「危險期」以外的時間，在泰國駕車也不見得是怎樣安全。根據駕駛者教育平台 Zutobi 數據統計，泰國竟位列全球駕駛最危險國家的第二位，僅次於榜首的南非。參考泰國警方公佈數字，二零二二年全年，在道路上死亡人數共有約一萬五千人，而受傷人數更高達九十二萬，難怪位居榜首第二位。

話雖然如此，在那兩段「七天危險期」，民眾和遊客都可能玩到樂極忘形，很多當地人亦會趁著那些長假期，相繼穿州過省返回家鄉探望親朋戚友，遂令到本來已不甚安全的道路，變得更不安全。過往醉酒駕駛已經是交通意外事故的其中一項主因，現時再加上大麻合法化問題，相信或多或少會因而增加道路使用安全威脅，但仍有待相關數據。

既然明知有「危險期」的存在，我等外國人又不用返老家探親； 如非必要，還是安全至上，儘量避免在那些時候與當地人爭路吧。

11. 昂貴的曼谷交通費

> 因為只有 BTS 和 MRT 才可載客避過曼谷出晒名的
> 塞車路況,所以,就算那兩鐵車費怎樣昂貴,乘客
> 也別無他選。

沒有聽錯嘛,泰國的生活指數和人工不是說很低的嗎?為何會說曼谷的
交通費昂貴呢?

好,就讓我們先瞭解一下泰國這裡的收入水平吧。曼谷作為泰國首都,
這城市的工資固然是全國之冠,因此就以此為參考準則稍作研究吧。

可能仍有些外國人會誤解,以為泰國是個頗落後,收入低,甚至需要人
接濟的地方。無錯,落後的地方仍然存在,但不是在曼谷和那些出名的
旅遊城市。收入嘛,就更是有天與地的差距(本書另外有篇幅談及泰國
貧富懸殊問題)。

據稱,泰國在二零二二年的平均每月薪金約為一萬五千泰銖,而曼谷的
平均每月薪金是最高,約為二萬三千泰銖;但這些數字僅可作為參考,
因為不同行業和經驗可以差別很大,一些專業和管理階層據稱月薪可達
十幾二十萬泰銖。

當我們要講一個地方的消費高或低,往往就會比對該地市民之平均收入
水平,而那些高收入一族根本不用理會,尤其是泰國人那麼熱愛駕車。

在曼谷市區，雖然有不同的交通工具可供選擇，包括的士、巴士、小巴、雙條車、船、摩托車等，但就怎也不能與高架鐵路 BTS 和地下鐵 MRT 比較，因為只有它們才可載客避過曼谷出晒名的塞車路況。所以，就算那兩鐵車費怎樣昂貴，乘客也別無他選，只得用錢來買時間。

以在市中心遊走為例，搭 BTS 從 Chit Lom 站（四面佛所在）去 Asok 站（與 Terminal 21 商場相連），僅四個站便索價 26 泰銖，搭多三個站去 Ekkamai 則索價 37 泰銖。如果搭 MRT 從 Silom 站（席隆夜市所在）去 Sukhumvit 站（都是與 Terminal21 Asok 相連）索價 24 泰銖。嘗試與香港 MTR 車費比較，從尖沙咀往太子同樣是四個站，只需 HK$5.6（約 22 泰銖），如果付 HK$10.5（約 40 泰銖），已可從尖沙咀去到荃灣尾站了。不要忘記泰國的生活水平和工資，遠比香港為低呢。所以，很多人也在抱怨這裡的交通費高昂，但無奈可以怎麼樣。

年多前，BTS 還曾提出大幅加價，較遠程站（約等於 MTR 荃灣線全程）最高加至百幾泰銖，當時引起極大迴響，所以那倍翻的加價建議暫且被「壓低」了。但相信那大幅加價的動議，定必會捲土重來；況且，BTS 近來又再提醒曼谷市政府（甚至在站內登廣告）尚欠該公司四百億（40 billion）泰銖，要還錢了。試問錢從何來？

當然，如果不趕時間，唔介意塞車的話，除了 BTS 和 MRT，還可以選擇搭那些殘殘舊舊，甩皮甩骨的鐵皮巴士（少部份路線近年已換上藍色車身的冷氣巴），車費普遍也要索價十幾泰銖，服未？

所以，在曼谷移動，如果有三四個人，可能一齊搭的士還會較搭 BTS 或 MRT 來得划算（但就要視乎要多久才截到一部肯按咪表收費的車了，哈哈）。

避免塞車還是要搭 BTS。

泰國宜居
เมืองไทยน่าอยู่

12. 曼谷市的士

雖然在曼谷市內，已有 BTS 和 MRT 等快捷方便的集體運輸系統，但始終論方便度，還是難與揚手便可上車（但要看閣下當天運氣，會否被拒載了）之的士相比。因為集體運輸系統車站未必就在附近，而且亦往往要接駁其他交通工具，才可到達目的地。

曼谷的士稱不得上新淨，有些車內座椅甚至是殘破的，所以又是要碰碰運氣。

如果要往返機場，的士可算是不二之選。五百餘泰銖（即百餘港幣），已可輕鬆地經高速公路，從市中心往返機場，價錢非常合理吧。

但要留意，曼谷的士於二三年一月剛加價了，據稱上次車費調整已是八年前的事。首公里由 35 泰銖加至 40 泰銖，隨後 10 公里則每公里計由過往的 5.5 泰銖加至 6.5 泰銖，之後的 10 公里則每公里計加至 7 泰銖。20-40 公里則每公里計加至 8 泰銖，40-60 公里則每公里計加至 8.50 泰銖，60-80 公里則每公里計加至 9 泰銖，而超過 80 公里則每公里計加至 10.50 泰銖。停車等候時間則每分鐘計由 2 泰銖加至 3 泰銖。

第三章 日常生活篇

雖然是加價了，但一般在市內遊走所需車資，應該都只是幾十至百餘泰銖，還是很友善價。但話雖如此，的士司機經常被投訴的便是濫收車資，不按「咪表」收費。所以，為避免不必要的爭拗，最好是在上車前與司機確認，按「咪表」收費。

除了是不按「咪表」收費外，的士司機另一經常被投訴的便是揀客拒載。其餘較多被投訴的劣行，多涉及不禮貌、魯莽駕駛、兜路……等等。還有，其他古惑招數更是「估佢唔到」。小弟就曾於年前乘的士，車資本來是 67 泰銖，給司機付了三張 20 泰銖紙幣及一個 10 泰銖硬幣，合共 70 泰銖，應該有多無少吧。付錢下車後，行了沒兩步，該司機竟喊說還欠車資，硬說只收了 60 泰銖。雖然心有不忿，最後還是再多付了車資了事，息事寧人。可會想到有些害群之馬，會為十銖八銖去出古惑。

經那一役，又上了一課，以後在這裡搭的士，付款時當面與司機確認，以及付款乘客最後才下車，免之後被「老屈」。阿 Q 地回想，那古惑的士佬算是「屈」得少了，否則損失可能會更大。

這裡關於的士服務的投訴，從未間斷，但亦未見改善。也許因為這緣故，不少人亦情願付貴點車資，轉而幫襯 Grab 了。

假如在泰國遇上不良的士司機，而需要作出投訴，可致電旅遊警察（Tourist police）熱線 1155，或大眾乘客保障中心 （Public Passenger Protection Centre）熱線 1584，希望有懂英語的職員跟你溝通吧。哈哈！

13. 改善中的公共巴士服務

> 如今很多公交巴士車站都設有電子螢幕，顯示途經
> 的巴士號碼，需等候時間，近年更引入電動藍色冷
> 氣巴士。。

選擇在曼谷住的原因，我在另一篇章已有所解釋。其中一個重要原因，就是不想駕車，又不想經常與那些古惑的士大哥糾纏，更不敢在這裡乘坐那些玩命電單車（Motorbike），所以曼谷的多元化交通配套，便順理成章地吸引了來在此落腳。

相信以往大家於曼谷旅遊時，未必會思索過在這裡搭公共巴士。說真的，我以前來曼谷玩，也不會有興趣搭那些「甩皮甩骨」兼無冷氣的鐵皮巴士。兼且，巴士途經路線和目的地，全部都寫泰文，我們外國人根本無可能懂得搭。

奈何移居泰國後，要融入本地生活，難免要搭那些公共巴士。因為不是每個目的地都可搭 BTS 或 MRT 可直達，很多時候也需要接駁其他交通工具。亦有機會碰上只十數街口的距離，又不想走路，電單車和公共巴士便要二擇其一了。但每次搭那些鐵皮車，我都會不滿地心裡泛起問號：「究竟這是泰國首都嗎？怎麼這些廢鐵仍會在運行中？」

我不會與中國內地的公交巴士做比較，因為一趟舒適的車程，就只需一兩元人民幣車資。就算是在緬甸仰光，那裡發展較曼谷更遲，但公交車都是有冷氣兼新淨，車資亦只約一元港幣。怎麼泰國的公交車是那麼殘，還要收十餘泰銖呢？

終於，在最近這年多時間，見證了曼谷的公交巴士服務，漸漸起了一些正面變化。首先是等候巴士時間，過往永遠不知要等多久，就像望天打卦般。如今，很多公交巴士車站都設有電子螢幕，顯示途經的巴士號碼，需等候時間。並且，亦有簡單的路線圖（泰文和英文並列），介紹各路線途經地點，外國人如今也應該懂得選擇巴士路線了。

更值得一讚的，是那些殘破鐵皮車，有望被逐漸淘汰。現時，除了一些近年已引入的藍色冷氣巴士外，二二年底，更引進同樣是藍色的電動巴士，雖然車費是微調高了一點，但至少給市民帶來多一點選擇，更可望對曼谷市的嚴重空氣污染情況，會有所改善。

雖然曼谷的公交巴士問題，理應早要解決，奈何到現在才有所作為，但起碼遲做好過唔做吧。現在才移居曼谷的朋友，如今出行可以多一項選擇了。

只行駛了幾個月的新型電動巴士。

14. 稅務考慮

> 只要每年一月初至十二底期間，逗留泰國不超過
> 180日的，都不會被視作稅務「居民」，那麼便只
> 需就本地生產的收益繳稅。

移居外地，稅務責任往往會被人忽略，但這可是個重要課題，涉及數額
可以不少。所以，最好在動身之前考慮清楚，作出適當安排。否則，可
能會無端端被納入稅網。

理論上，除非是受聘於泰國當地公司「打工」，又或者是在當地開設公
司做生意，並且在移居前已作好稅務安排；否則，移居泰國需要納稅的
數目是有限的（有些稅項是不可能不納，納了也不覺的。例如很多貨品
都有消費稅 VAT，銀行賬戶會扣利息稅，出街吃飯很多食肆都會再加
10% 服務費和 7%VAT 的）。

首先，要瞭解泰國的徵稅邏輯，是以泰國入息源頭（Thai-sourced）和
是否被界定為稅務「居民」（Resident）作基礎。無論收入是在泰國本
地產生，抑或是源自海外，一旦在泰國收取，都會被視作泰國源頭收入，
需要按泰國入息稅率（最低 5%- 最高 35%）繳稅。

但要留意，只要每年一月初至十二底期間，逗留泰國不超過 180 日的，
都不會被視作稅務「居民」，那麼便只需就本地生產的收益繳稅。

所以，假如在泰國擁有物業的話，從稅務角度考慮，最好還是用來自住，而非出租。否則，所收租金便可能需要繳交入息稅了。（除非所收租金是低於免稅限額，而在泰國又沒有其他收入）

打算在泰國退休的人士，更要考慮移居前做好資產配置安排，因為泰國不像香港，是會徵遺產稅的。只要遺產超過一億泰銖（約二千五百萬港元）門檻，超出部份便會被徵最高 10% 之遺產稅。雖然泰國遺產稅率遠較歐美國家為低，但既然可以事先作出適當安排來減免稅務責任，又何必要無端端被人瓜分呢？

畢竟稅務是個複雜課題，所以最好多加瞭解，並徵詢相關稅務專家意見。

重要聲明：上述資料內容僅供參考交流之用。如要清楚個別稅務責任，請向相關稅務顧問查詢或參照泰國稅局網頁：

https://www.rd.go.th/english/index-eng.html

15. 在泰國當「高薪」外勞

> 雖然是同一工種，甚至是同一職級和崗位，就只是
> 因為大家的國籍不同，薪酬便有所區別，而非按能
> 力和經驗來決定。

外國人在泰國找工作，會否很困難？又或者就算是有工可做，泰國當地人工資普遍那麼低（每月最低工資約七千泰銖），會不會入不敷支，不夠過活呢？外國人在泰國打工的前景又是如何呢？

首先，須知道外國人想在泰國工作，一般都是要在泰國以外的領事館事先辦理簽證的。其中一項考慮，就是要提供未來泰國僱主的聘用文件，證明申請工作簽證人士會獲發的每月薪金，至少符合外國人在泰國工作的訂定最低工資要求。嘩！真的那麼好，外國人竟然會受最低工資保障？究竟是好事還是壞事，自己衡量吧。

所謂的外國人最低工資，是以申請人的國籍來做基礎。就以美國、加拿大和日本人為例，他們可獲的每月最低工資是最高類別的六萬泰銖，其次是歐洲和澳洲人，每月最低工資是五萬泰銖，而香港、新加坡、台灣和馬來西亞人的每月最低工資是四萬五千泰銖，中國、印度、印尼、中東和菲律賓人的每月最低工資則是三萬五千泰銖。（備註：相關最低工資和分類會有機會變更，請向泰國領事館查詢最新資訊）

即表示，雖然是同一工種，甚至是同一職級和崗位，就只是因為大家的國籍不同，薪酬便有所區別，而非按能力和經驗來決定。所以，外國人要在泰國打工，便得接受此點。否則，心理上難免會因而感到不快。

相對於當地人，外國人最低工資算是頗為吸引的了。但對比於海外工資，委實就是相差了一大截。所以，除非基於個別原因，真的在香港做得很不如意，想跳出外另闖天地；又或抱著儲海外工作經驗，好過做工作假期的心態。否則，宜多加考慮。

況且，從泰國人角度看，我們外國人的工資始終高於他們當地人一大截，你的上線經理薪酬可能與你的相差無幾，甚至更低，你估他會樂於接受嗎？除非你是鬼佬（泰國人稱 Farang），則另當別論。因為泰國跟其他東南亞發展中國家無異，都是那麼崇洋，喜歡擺個鬼佬出來做花瓶裝飾，起碼格調看似高一點。我等黃皮膚的亞洲人，就少了那種優勢。再者，如果有晉升空缺機會，公司會留給工資稍平的本地員工上位，還是我等外國人？如果需要瘦身裁員時，會對工資較高的外勞開刀，還是本地員工呢？心裡應該有了答案。

在泰國可當短期的「高薪」外勞，但論長遠前途發展，還是自己計計數吧。

泰國宜居
เมืองไทยน่าอยู่

16. 識蕩路慳錢方法

> 這裡通常在 1.1、2.2、3.3……之類日子，商家都會
> 巧立名目，藉此作產品推廣。

外國人在泰國生活，應該較本地人來得輕鬆，因為畢竟這裡普遍物價水
平較低，加上最近兩年泰銖貶了值，以港幣來兌換後，銀紙更加見駛。
但是如果識得一些竅門，更加可以慳到不少錢，更加可以開心過活呢。

網上優惠

泰國人很喜歡網上購物，所以不妨定期瀏覽一些商品網頁，甚或登記
成為其會員，便會定期收到相關推廣優惠訊息。這裡通常在 1.1、2.2、
3.3……之類日子，商家都會巧立名目，藉此作產品推廣。但近年優惠
卻多了做「網上限定」，反而實體舖優惠則愈來愈少。

飲食優惠

如果用餐日子和時間，自己可以較彈性相就，不妨透過 Eatigo、
hungryhub、chope 等 app 事先與餐廳訂座，優惠可以高達半價。至於外
賣優惠方面，請參考「叫外賣文化」文章。

MRT 和 BTS 優惠

曼谷市的 MRT 地下鐵，以往有出售數天票的，但現在似已停售。唯一
可慳到錢的，是年滿 60 歲的居民，可以買長者儲值卡，車費可平一半，
值得一讚。而 BTS 高架鐵路，票價出名昂貴，以往有出售的 30 天套票
也於年幾前停售。如今唯一可慳錢的是買日票（One-Day Pass），價錢

150 泰銖，但要當天起碼搭 3 程遠程車才可回本。BTS 其實也有長者儲值卡，但只限泰國市民，就算是長居於此的外國長者，也不予出售，太吝惜了。

美容按摩優惠

喜歡美容按摩的朋友，可以透過 gowabi.com 訂購其 eVoucher，有打折優惠。

超市優惠

與香港一樣，各間超市會不時推出貨品優惠，最好是瞭解居所附近的超市，會否定時於每周某天轉換優惠貨品，便可第一時間掃貨，因為一些熱賣貨品賣完即止，眨吓眼優惠便可能完了。此外，個別超市會設有減價貨品角落，促銷即將到期貨品，視乎啱用與否。

吃喝玩樂優惠

可透過 KKday 和 Klook 等網站，訂購景點、旅遊和各類吃喝玩樂產品，又可慳一筆。但唯一要考慮的，就是要預付費用。

其實，泰國商家亦不時會在 Facebook 發放新產品和服務訊息，不妨多加關注。此外，多留意當地新聞，除可瞭解當地民情外，亦有助獲取優惠資訊，例如 BTS 開了新線路，會在某些時段讓乘客免費試搭。又或者旅遊發展局，在某些日子可能會有優惠推廣等。總之，多留意時事資訊，無錯的了。

超市內的減價貨角落。

17. 泰銖匯價問題

> 因為泰銖的貶值，導致入口貨品價格上升，再加上俄烏戰爭影響，更引發了「你加我又加」的加價浪潮。

過去幾年在泰國，又一次令我感受到泰銖的匯率浮動，是何等驚心動魄。還記得最震撼的那次，應該是發生在一九九七年亞洲金融風暴後，港元對泰銖滙價於九八年頭曾跌至 6.85 的低位。當年作為遊客的，當然開心到不得了啦，因為我們拿著港元或者美金來泰國玩，簡直樣樣都平到笑，食買玩到簡直唔捨得走。

但如今長期居留在泰國，對於泰銖匯率的大幅波動，心情當然並不一樣。這亦正是我希望和大家分享，在泰國生活和置業投資時，所可能面對的潛在風險。最好事先有足夠心理準備，做好防風措施，否則便可能要同泰國人做生死之交了。

就先讓我們重溫一下，在這幾年間，泰銖匯價的實際浮動情況吧。於二零一九年十二月底，港元對泰銖滙價曾升穿 3.77，當時泰銖簡直氣勢如虹，成為東南亞區內炙手可熱的最強勁貨幣。怎料一個疫情浪翻過來，泰國疫情失控，旅遊業受到嚴重衝擊，匯價當然難逃一劫，掉頭下滑。於二零二二年十月中，港元對泰銖滙價就曾經跌至 4.87。惟於二二年十月開始，泰國拚死一搏地開關，旅客開始陸續返來，經濟漸見起色。直至今年二零二三年一月，前後只是三個月，港元對泰銖滙價已重上 4.17 位置，情況真的尤如坐著過山車般，大上大落。

在二零一九年時，泰幣不斷攀升，我等香港人拿著港幣過來消費，當然有「唔見使」的感覺，樣樣都好似貴咗。相反，泰國人卻由於泰幣的升值，當時身邊便有不少泰國朋友，接二連三地飛往外地旅遊購物，玩得不亦樂乎。但世事難料，好景不常，新冠疫情這一浪，來勢洶洶，重創泰國經濟，泰幣匯率亦因此應聲而下。可能有人會問，那麼在這兩年泰銖匯價跌得那麼殘的時候，你在泰的生活一定很「舒泰」啦。

但實情是只有少許服務和消費品是相對便宜了，其他大部分而言，只可以說是同疫情前相若。惟較慶幸的就是不用像當地人般，賺泰銖使泰銖那麼「傷」而已。何解？主要原因是泰銖的貶值，導致入口貨品價格上升（個別商家亦可能乘機借勢加價），而且很多服務和貨品價格都是一環扣一環的，再加上俄烏戰爭影響，更引發了「你加我又加」的加價浪潮。而且，泰國這裡通常的加價幅度，很多時候都在 5%-10% 之間。不少入口貨品，在過去一年內，甚至經已漲價達兩成之多，不難想像到當地人的生活壓迫感吧。

如果有興趣投資泰國物業的朋友，就更加要留意泰幣的匯率浮動風險。試想想，假如在二零二二年見泰銖直插，樓價又有所回落時，打算用 4.8 的匯價買個 2 千萬泰銖（以 4.8 匯率計，折合港幣約四百一十餘萬）的單位；但怎料匯價瞬間已升回 4.17 左右，除非當時已經全數按價完成交易，否則便可能因而要多付七十餘萬港元了，咪話唔肉痛。

18. 家有小孩的移居考慮

> 泰國人做事最緊要開心，孩子在這輕鬆氣氛下成長，長期習慣了這種「舒泰」做事模式，恐怕日後再難以適應在那些講求效率的地方工作。

假如家有小孩，想舉家移居來泰國的朋友，希望本篇章內容，能有助思考相關課題吧。

作為父母的，相信其中一個重要考慮，必然跟子女的教育有關。本書另有文章介紹泰國的國際學校，有不少選擇，學費在亞洲區算是最平。並且還有一樣肯定是賺到的，就是會學懂多一種語文—泰文！

至於另一樣父母也頗關心的，就是居住環境和活動空間。移居泰國的最大賣點，無庸置疑必然是樓價平，居住環境寬敞，住宅的消閒配套普遍齊全，泳池健身室都是基本的，其他則視乎個別物業。但普遍而論，生活是舒泰的。此外，泰國這裡有國家公園、沙灘、農場、各式樂園等，不愁沒有親子活動。

此外，泰國人和中國的傳統文化有著不少相似之處。這裡經常會看見泰國年青一輩，有禮地扶著老人家走路，陪伴老人家和長輩出外用膳，這樣的尊敬長輩風氣，在香港已是久違了。子女在這樣的環境下成長，希望會有所薰陶吧。

但在另一方面，泰國近年將大麻合法化所引伸的問題，實在令人不安和擔憂。如今，在這裡隨處可見「大麻店」，甚至可以在家種植；會接觸到或者購買大麻和含有大麻二酚（CBD）的產品，可謂輕而易舉。假如小朋友出於好奇，又或者受好此道的朋友所影響，一旦染上毒癮，後果真是不堪設想。這個課題，不得不慎重考慮。

至於泰國的性開放文化，不用多作說明吧。尤其是步入反叛期的年輕人，在如此開放的氛圍下，做父母的就更倍感吃力。難度永遠著孩子禁足 Khao San 路，Nana 區不准去，Thonglor 那處禁夜蒲嗎？若處理不當，分分鐘會離家出走呢。

泰國人的處事方式，多有效率大家心中有數，做事最緊要開心。孩子在這輕鬆氣氛下成長，好處當然是少了很多壓力。問題是長期習慣了這種「舒泰」做事模式，恐怕日後再難以適應在那些講求節奏和效率的地方工作了。

總之，要兼顧孩子的成長，考慮的環節必然比我們成年人多，要諗清諗楚。

19. 在泰國讀國際學校

> 子女會否在某一學校快樂成長，真是很個人化，那些什麼學校排名榜，就只可作參考而已。

每位父母正常地也希望能提供優良的高等教育予子女，打好根基為未來晉升大學作好準備。所以，有子女的外國人，若有意移居泰國，當地的學校配套定必是個重要考慮點。

基本上，外國人子女通常都會入讀泰國的國際學校。除了是因為外國人根本無可能適應泰語教學的傳統課程外，這裡的國際學校實在有不少選擇；況且，課程也需為他朝往海外升讀大學作衝接準備，入讀國際學校便成了當然之選。

可能是由於泰國有不少外國人居住，加上亦有不少泰國的富貴一族，所以國際學校配套，早已發展得很多元化，以迎合市場需要。可供選擇的課程包括International Baccalaureate（簡稱IB），劍橋國際試（Cambridge International Examination 簡稱 CIE），以及美國、英國、法國等課程。

泰國的國際學校學費，收費算是相宜。普遍而言，一年分三個學期（Term），每年學費和雜費（Campus Development fee 也許是佔較大數目）約由幾十萬泰銖至百幾萬泰銖不等，視乎個別學校而定。大致上，每年的預算約一百萬泰銖，可選擇的國際學校應該也不少。但其實子女每年在這方面的教育開支，真的是頗個人的，例如參加多少課外活動、那些課外活動收費、需要補多少課，凡此種種都會影響到最終每年使費的。

當然，除了財務考慮外，學校的課程和發展方向，同樣重要。子女會否在某一學校快樂成長，真是很個人化，那些什麼學校排名榜，就只可作參考而已。故此，最好還是與心儀的幾間國際學校聯絡，安排個 School tour，與子女一起參觀校園，由校方直接介紹課程和發展方向，並多瞭解校園設施和環境，及感受一下校風。

曾經與有孩子正就讀曼谷市國際學校的朋友傾談過，大體上評價是正面和滿意的。如想獲取多些泰國國際學校的資料，不妨瀏覽以下網站：Whichschooladvisor.com

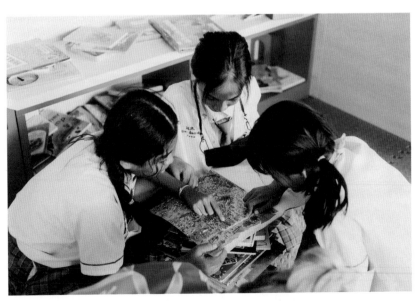

在泰國有不少學校可以選擇。

20. 毒霧迷城

> 泰國的空氣污染主因除了是那些舊車排放的廢氣，
> 工廠地盤產生的沙塵，更甚的是由於本土和鄰國在
> 燒農地時貪方便所致的。

還記得搬來曼谷住的第一年冬季，回港與友人聚會時談及在泰國居住的情況。當時我興奮地告知友人，話泰國天氣在年尾年頭真是好到不得了，相信以後在那些「好日子」，打死都唔會離開泰國，好好享受那麼好的天氣。

對！一般而言，東南亞地方，包括泰國在內，每年約於十月至二月份，便可算是旱季。如果在這段時間來旅遊，無論機票和酒店住宿費用都會較貴，因為這段時間氣溫是全年最低，加上乾爽少雨，移動起來較方便舒適。

怎料到，那次我在一月份從香港回泰國幾天後，便開始不斷地打噴嚏，流鼻水，情況就如患了傷風般，狀況過了數天並沒有好轉，所以最終還是要去睇醫生。經診症後，醫生說是空氣污染導致有敏感反應，吃藥後應該會好轉。我半信半疑地反問，真的是空氣污染而不是其他原因嗎？醫生的答案還是一樣，而且還叮囑我要留意，在發覺空氣污染問題嚴重時，最好還是戴口罩以作保護。吓？那麼嚴重？說真的，香港亦不時有空氣污染問題，那麼多年來早已習慣，從來沒想過，泰國這裡的空氣污染程度可以差到那樣地步，害得我要去睇醫生食藥。

自此之後，我便開始留意這個問題。當時並未有新冠肺炎出現，但泰國這裡很多地方都有口罩出售，標明是可防 PM2.5 懸浮粒子。據泰國朋友說，空氣污染問題在這邊那麼嚴重，主因除了是那些舊車排放的廢氣，工廠地盤產生的沙塵，更甚的是由於本土和鄰國在燒農地時貪方便所致的。加上在旱季少雨，PM2.5 懸浮粒子便更容易地在空氣中積聚，歷久不散。不是誇張的，情況嚴重到整個曼谷的高樓大廈就似被白紗完全覆蓋，簡直如毒霧迷城一樣。在香港，大家一年都未必會洗一次冷氣機；但在泰國，半年洗一次吧。有無那麼誇張呀？不相信的話，揭開冷氣機的隔塵網看看。

其實，嚴重的空氣污染問題並非是曼谷獨有。就算是遠在泰北的清邁，雖然是感覺較「鄉郊」的城鎮，無奈地亦不能幸免。

這邊的醫生不時也會提醒市民，要留意 PM2.5 在自己居住地區的情況。大家可透過以下網站：air4thai.pcd.go.th 或 Air4Thai app 瀏覽相關資訊。

殘舊車輛噴出的廢氣是毒霧元兇之一。

21. 泰國酷熱天氣難頂嗎？

> 泰國天氣的熱並非想像中那麼「難頂」，因為這裡的熱都是較為乾爽，不似香港般那種潮濕悶熱。況且經常會下陣雨，雨後便會驟然有降溫感覺。

東南亞國家的天氣出名就是熱，所以當年有些朋友聽聞我會移居泰國，也會關心的問：「泰國好熱的喎，你頂得順嗎？」我就是這樣回答：「係呀，可能會在那裡熱死吧。哈哈～～～～～」

講真，以往來泰國旅遊時，都感受過不少這裡的熱天氣，但畢竟旅遊就是旅遊，行到熱或者攰時，便會衝進有冷氣的地方歇息，而且還可揀年尾年頭稍為清涼的時間才過來玩，怎樣都只是幾天的問題罷了。但在這裡長居，就避無可避，在早期擔心難適應還是有的。

最初移居這裡的時候，確實真是覺得天氣頗熱，但總算是可以接受的（這又要重申了，耐熱程度真是因人而異的）。如今，不覺地已在這裡住了五年時間，雖然還算不上是很長日子，但希望這段時間的經歷，還可算有參考價值吧。

也許是已經習慣了，泰國天氣的熱並非想像中那麼「難頂」，因為這裡的熱都是較為乾爽，不似香港般那種潮濕悶熱。況且，東南亞地方經常會下陣雨，灑完一陣雨後便會驟然有降溫感覺，就算是在夏季的一早一夜，氣溫還比香港來得舒服。

第三章 日常生活篇

近年，地球先生真的病了，全球的天氣反常相信大家都已感受到吧。僥倖地，泰國仍未致要像一些歐美國家般，經歷攝氏四十幾度兼無冷氣可涼的煎熬，暫時夏季都只是在攝氏四十度內的氣溫，兼且還有冷氣可用。有些泰國人甚至在冬季，會去泰北山區扎營，感受低至幾度的寒冷天氣，不亦樂乎。話說回來，天氣反常在泰國仍是有的，最明顯就是下雨的季節長了很多。以往這裡約十月至翌年三月，屬於較清爽無雨的最佳旅遊季節，但如今就算是到了十二月年底，還是不時下傾盆大雨，看來地球先生真的病得很嚴重哩。

此外，這幾年全人類都在面對新冠疫情，有樣以前都沒預計過的，就是這裡較熱的天氣，或多或少會減慢病毒的傳播；至少在冬季時，不至於像一些位處寒帶的城市般，受流感雙重夾擊吧。

泰國天氣較乾爽，在高溫中未算太難捱。

22. 泰國治安如何？

> 只要你不刻意向難度挑戰，夜晚走往那些橫街窄巷，在紅燈區夜店等遛連，被滋擾的機會理論上是不高的。

泰國的治安究竟安全嗎？ 走在街上會否被人拐去「KK 園」做非法勞工嗎？相信這也是想過來泰國玩或者是長居的朋友有興趣知道的。

説真的，已經在這裡居住了不長不短的幾年，我個人認為泰國的治安還是可以的。只要你不刻意向難度挑戰，夜晚走往那些橫街窄巷，在紅燈區夜店等遛連，被滋擾的機會理論上是不高的。話雖如此，自己無論何時，還是要保持應有的防備之心。

僥倖地，在過去幾年間，並沒有碰到打劫、強搶之類不愉快事件，但一些小問題還是有的，在此稍作分享。話説初搬來曼谷時，有一天在某甲級商厦的 Food court 用膳，當日天氣看似會下雨，所以隨身帶了把雨傘。須承認是自己的大意，膳後離開了才發覺遺忘了雨傘，回去已遍尋不果，就這樣遺失了一把在英國買的雨傘，嗚嗚～～～。

另外一次，又是發生在 Food court，是在一間有名的百貨商場內。在泰國的 Food court，通常是要事先買一張儲值卡，然後才可到各攤檔落單，檔主是不會接受現金交易的。當在用膳後，大部份都有當日「算賬」限制，即係就算儲值卡還有餘額，隔天也會被報銷無效。那天又是自己的大意，用膳後離開座位，走到先前買儲值卡的櫃枱附近，才如夢初醒發覺遺了儲值卡，就那短短幾分鐘時間，又是無跡可尋了。雖然餘額只是

剩下百餘銖，但還是有興趣看他們怎樣處理。由於賣儲值卡櫃台的職員之英文水平屬「有限公司」，但她們表現出是理解發生了什麼事情，叫我站在一旁等候。

數分鐘後，原來她們從商場詢問處召了個識講英語的同事過來幫忙溝通，本來想算數一走了事，反正涉及數額不大，但她們又表現得頗認真的，取過了買卡收據後，還叫我帶她往剛用膳的坐位。之後，更召來一個似乎是她們上級的，見她在另一旁用電話跟其他人溝通。

這樣那樣又過了好一陣子，我獲告知原來她們查看了 CCTV，張儲值卡是被人用了。她們因此覺得非常抱歉，幫不上忙，只是再三地說「Sorry」。我亦向她們道謝，回以「Thank You」。從那事情上，除了可以確定這裡亦有些人是貪的。但更重要是反映出，當我們外國人在這裡遇上麻煩時，一些泰國人是會不厭其煩地予以幫忙的。

除了我自己的親身經歷外，也有朋友告知在曼谷旅遊時，在旅遊景點曾被賊偷竊財物。所以，最起碼的自我保護戒心仍是必需的。但卻有趣的是，眼見很多泰國人經常在餐廳咖啡店，隨意地放下手袋衣物，在無人看管的情況下，便走了去老遠拍照打卡或買食物，真是摸不著頭腦。

最後一提的，近年芭提雅那邊不時也有報導發生搶劫案件，所以雖然泰國整體而言，已較一些鄰國相對安全，但偷竊、搶劫或甚至炸彈爆炸事件，也有機會發生，還是需要提高警覺。

泰國人經常這樣粗心大意地遺下財物便離座。

23. 泰國醫療配套

> 泰國的醫療服務對比香港，可算是便宜，但又未至
> 於平到笑那種。反而，相對歐美國家而言，這裡的
> 費用就可能比較吸引。

當年選擇移居泰國，其中一個重要考慮因素，是由於泰國多年前，已開
始在海外宣傳其醫療服務，以「平、靚、正」作招徠，吸引外國人前來
這裡看病治療和做身體檢查。過去在泰國旅遊時，基於好奇，亦曾經特
地參觀過某間位於曼谷市的「星級」醫院，當時印象不錯，感覺就像以
前香港的「養X」醫院般，頗貴氣。

況且，有為數不少的泰國醫院（大部份在曼谷市），都稱具「國際醫
療衛生機構認證聯合委員會」（Joint Commission on Accreditation of
Healthcare Organizations 簡稱 JCAHO）或「醫療機構國際聯合委員會」
（Joint Commission International 簡稱 JCI）等認證。看似甚有來頭，就
算不甚理解那些認證，起碼心理上也假設了獲認證的醫院，應該已達到
國際醫療服務水平吧。

在這裡已居住了幾年，當然有機會親身體驗過泰國的醫療服務，慶幸都
是小病而已。一般傷風感冒那類病症，如果在那堆知名的醫院求診，行
政費、診金和藥費大約千餘泰銖吧。對比香港，可算是便宜，但又未至
於平到笑那種。反而，相對歐美國家而言，這裡的醫療費用就可能比較
吸引。

第三章 日常生活篇

基本上，那堆知名醫院的個別醫生和護士，都是能夠以英語溝通的；甚至有一些醫院，還可提供多種語文翻譯服務，算是貼心。

至於曼谷市的私家醫院病房收費，以某家醫院為例，半私家房（兩張病牀共用）每日房價為 3,500 泰銖起，私家房（一張病牀獨佔）每日房價為 5,700 泰銖起，餐食費、醫生費、護理和雜費則另計。相對於香港，房價又似乎較便宜。

剛巧，最近和朋友也談起泰國的醫療配套問題，大家都覺得這裡的硬件了得，醫院建設得美侖美奐，醫療機器亦有添置貴價貨，但就是軟件嘛………仍有待改善。

三年前，我曾經因為相信某「星級」醫院的品牌，選擇了在那裡脫牙。雖然明知價錢會較普通牙科診所貴，但還是不敢冒險，以免「出事」。但怎也估不到，那次脫牙的經歷，真的令我此生難忘。完全未曾試過，牙醫拔牙失手，一隻牙要分三次拔，前後玩了約三個小時。那位牙醫是女的，她還在第三次終於成功後，竟開心到拍晒手掌，差點想要開香檳般，真是非常「kawaii」，但我已沒有心情去欣賞她的興奮模樣，只是想儘快離開而已。經那一役後，我決定以後只會在泰國洗牙和補牙，絕不會再在泰國脫牙，因為太恐怖了！

此外，泰國一些醫療服務，並非如想像般便宜。就以過去幾年疫情為例，在私家醫院做新冠核酸檢測，每次索價由 4,000 泰銖至 6,000 泰銖不等，相信還較香港貴，真的不明所以。

曼谷市出名的星級醫院。

24. 泰國睇中醫

> 如果打算移民泰國，又信中醫傳統技術的話，這裡的中醫藥配套，應該不比香港差。

泰國的西醫和醫院配套，算是不過不失吧。論性價比，我個人認為泰國的中醫似乎更值得一談。可能有人會質疑，在泰國睇中醫？信得過嗎？唔，信唔信得過我就唔敢亂答，但是這裡早已有為數不少的華僑在泰國居住，甚至亦有相信中醫的外國人求診，況且中泰關係源遠流長。所以，如果打算移民泰國，又信中醫傳統技術的話，這裡的中醫藥配套，應該不比香港差；但要強調，畢竟睇中醫還是要「人夾人」的，此文純粹經驗分享，並非想作任何推介。

在移居泰國前，其實早已聽聞泰國有中醫可睇。在曼谷市，有不少的中醫診所可以選擇，而且更有規模完善的中醫醫院。對，是一整間醫院，而不是附設於某醫院內的中醫藥部。我的一位泰國朋友就曾極力推薦，因他年前曾有傷患，需要做針灸和推拿，而碰巧幫他診症醫治的，據說還是在中國國內甚有來頭的醫師，總之他的用後感就是讚嘆不已。

所講的中醫醫院，就是位於曼谷唐人街不遠處的「華僑中醫院」（Hua Chiew（TCM）Hospital）。說真的，我心裡曾經有所掙扎，應否寫那中醫院名稱出來，好似正幫其賣廣告般。容許我在此先作申報，小弟並沒有收該醫院絲毫報酬，亦與他們沒有任何利益關係。只是我真的曾經往那裡求診過，感覺良好，藉此分享而已。

根據資料，該中醫院已有二十幾年歷史，是由一慈善機構所營運。不知是否由於這個原因，那裡的員工無論是醫師抑或其他員工，都是頗為友善，少了那種商業掛帥的氣氛。那裡的醫師基本上都是從中國內地來的，所以，普通話和英語溝通，在那裡絕對無問題。

除了一般傳統中醫藥診療服務外，那裡還提供保健和美容療程，可能是要迎合泰國人的愛美天性吧。

也許是慈善團體營運的背景吧，該醫院的收費真可算是非常親民價。醫師診療費只是收三百餘泰銖，再加百五泰銖服務費，合計都只是港幣一百元左右。藥費則視乎個別藥品成份和劑量，一般都是一千幾百泰銖而已。並有煎藥和送藥服務，這樣的價位，這樣的服務，還可怎樣要求？

再強調一次，睇中醫真係很個人的。有效與否，因人而異。我和朋友都求診過，託賴，仍然健在。哈哈！

25. 資訊媒體渠道

> 外國人在泰國生活，要接收資訊，便惟有靠上網，或
> 者是安裝付費電視頻道了。還好現時科技發達，只要
> 認識相關媒體渠道，很容易已可在網上掌握資訊。

在泰國生活，其中一樣需要適應的，便是這裡的資訊媒體渠道。雖然泰
國有為數不少的外國人居住，但竟然連一個英文電視台也沒有。全部都
是泰文台，間中有播放香港的陳年電視劇，但卻是配上泰語版的。所以，
外國人在泰國生活，要接收資訊，便惟有靠上網，或者是安裝付費電視
頻道了。還好現時科技發達，只要認識相關媒體渠道，很容易已可在網
上掌握資訊。以下是幾個泰國媒體網站：

【Bangkok Post】https://www.bangkokpost.com/
據稱這報社早於一九四六年已創刊，現時為泰國權威英語新聞網站，每
日更新當地資訊。

【Nation Thailand】https://www.nationthailand.com
這報社據稱也有數十年歷史，創刊於一九七一年，同樣是泰國具江湖地
位的英語新聞網站。

【The Thaiger】 https://thethaiger.com
這網站雖然年資並沒有如上列兩間報社那麼長，但新聞資訊同樣會每日
更新，間中會發現非一般議題。

118

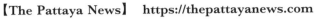

第三章 日常生活篇

【The Pattaya News】 https://thepattayanews.com
除了英語外，這網站還有多種外語選擇，主要是集中報導芭提雅和曼谷
當地資訊，當然亦有全國性新聞。

【Thai PBS World】 https://www.thaipbsworld.com
這是泰國公用廣播服務（Thai Public Broadcasting Service）旗下的英語
新聞網站，因此所發佈的新聞較具公信力。

【Coconuts】 https://coconuts.co/bangkok/news/
這英語網站雖然也有新聞報導，但主要還是提供日常生活和吃喝玩樂資
訊，較輕鬆的一個娛樂新聞網站。

除了上列的英語新聞網站外，泰國還有中文網站專門報導泰國資訊，
Vision Thai （visionthai.net）和世界日報（udnbkk.com）便是其中較出
名的，不妨一看。

我過去幾年在泰國的體驗是，這裡畢竟是泰文為首的地方，所以外語新
聞偶爾也會有可能出現翻譯或其他問題，所以最好還是多看一兩篇不同
媒體的報導，以求證相關新聞的真實性。

第四章
文化風俗篇

第四章 文化風俗篇

01. 泰國人的樂天純樸

> 泰國人出名是「樂天派」，無論生活有幾艱難，他們都仍然能夠一笑置之，如常地吃喝玩樂，今朝有酒今朝醉的模樣。

泰國很久之前便以「微笑之地」（Land of Smiles）在海外作旅遊推廣。當年我還未搬來泰國居住，已經明白到這純粹是市場推廣和包裝技倆，在旅途中與當時的泰國人交往，並不怎樣感受到他們的誠意笑容，但話雖如此，泰國人多數還是有禮貌的。

住在泰國這幾年間，有機會更深入感受到這裡的民風。泰國人出名是「樂天派」，無論生活有幾艱難，他們都仍然能夠一笑置之，如常地吃喝玩樂，今朝有酒今朝醉的模樣。很喜歡看泰國女子排球，她們很多時候都會笑着打那些逆境波，而往往也真的靠她們的毅力可以反敗為勝，豈能不佩服。

經歷了這三年多的疫情期，泰國旅遊業受到嚴重重創，對泰國整體經濟而言，可從泰銖曾跌至四點八幾（港元兌換價）的「跳樓價」清楚反映。經濟蕭條加上百物騰貴，在這樣艱難的環境下，眼見身邊的泰國人，還是能笑着鬆容過生活，超勁的 EQ！

在曼谷搭 BTS，經常會見到一些情景：一是當地人會很樂意主動地讓座予老人家、孕婦、帶着嬰孩的或殘疾人士； 其二就是出 BTS 閘後，保安哥哥還會扶持傷殘乘客走上一段路，這些舉動能不令人感到窩心嗎？

還有,泰國人是頗習慣排隊的,就是上落行人天橋,也多會循規蹈矩地一個接一個的隨隊而行(當然也有例外的,所以我說「多會」),這是禮讓的表現。

另外,在行人路上很多時候也會見到有人彈琴、唱歌、賣藝以募捐,眼見不少當地人都會樂意地捐錢,而且還是紙幣(20泰銖以上)居多。那些捐錢的,看似大多數都只是普通中下階層人士,但他們可能自少已經養成幫助他人的習慣,這是善心的表現。

普遍而論,泰國人大多數都是那麼樂天知命,以禮代人,慣以雙手合十互相祝福打招呼。但可能時代變了,這種難能可貴的和諧民風與近年走在街上抗爭對峙的畫面,似乎又有些格格不入。

泰國人大多數都是那麼樂天知命。

122

02. 泰國規矩和生活禁忌

> 碰到在早上八點和黃昏六點時,在 BTS 站之類的地方,忽然播起泰國國歌,全部人都肅然站立。如果仍然繼續走動,會被視為不敬而被罰的。

每個國家都會有不同的生活文化和禁忌,泰國當然亦不例外。所以,無論是打算來泰國長住短居,還是多加瞭解和予以尊重為宜。以下是一些在泰國日常生活中,有機會觸碰到的環節:

褻瀆或對皇室不敬

泰國皇室地位崇高和不可侵犯,所以勿隨意批判或作出一些不敬之舉措,因而可能碰犯 lese majeste 法律,有機會被重囚。

播國歌站立時間

相信很多遊客在泰國旅遊時,也會有機會碰到在早上八點和黃昏六點時,在 BTS 站之類的地方,忽然播起泰國國歌,全部人都肅然站立。如果仍然不顧而繼續走動,會被視為不敬而被罰的。

禁賭

泰國仍然是禁賭的國家,所以香港人慣常「開抬打麻將」或是「操啤玩撲克牌」之類的娛樂節目,在這裡理論上也是違法的。

禁煙

泰國並非是全面禁煙，只是用各種手段，包括用驚嚇香煙包裝，不准在海灘（特定海灘地點除外）吸煙，不可隨意在公眾地方吸煙（但還是經常隨處可見）等，明示不鼓勵民眾吸煙。

不可摸人頭

這禁忌相信很多人也聽過，因為泰國人相信人的頭是靈之所在，故此勿亂摸他人的頭，又或在他人頭頂傳遞東西。

左右手有別

這文化與印度相似，左手被視為不潔，所以進食和取東西都是會用右手的。

入廟衣著忌袒胸露背兼脱鞋

入廟參拜者均需要脱鞋，並且衣著不能袒胸露背，着短褲短裙的都要用布遮掩。

廟宇勿亂拜

泰國有無數廟宇，各有所供奉。所以在參拜前必定要問清楚，以免惹了麻煩也不知。

尊重僧侶讓座及女性勿近

泰國是尊重僧侶的國家，公共交通工具都設有專座予僧侶，遇到時必需讓座。如果是女性，更不應座在僧侶旁邊，以免有身體接觸。

不要用紅筆簽名

簽名勿用紅筆，會被視為不吉利；因為泰國人在死後，是會用紅筆在棺木寫上名字的。

用紙幣給小費

付小費是這裡的文化，入住酒店時搬行李的服務員，又或是按摩師等，都會期待服務後有小費可收。在泰國，付小費時記緊用紙幣，因為零錢多是用來給乞丐的，明點解啦？

勿隨意與女性握手

有説泰國女性是較保守（也許很多人未必會認同），所以勿隨意與其握手，避免肌膚接觸。

規定買酒時間

見過不少遊客在超市興高采烈地揀了酒精飲品，往收銀處準備付款時，才被告知原來已過了買酒時間。原來，泰國有個奇怪規例，就是每日下午二時至五時和一些特定日子（全日），均被禁止售賣酒精飲品。所以，要飲酒的話就要留意時間了，哈哈！

03. 泰國的天災人禍

> 除了水浸問題外，泰國在天災方面的顧慮相對一些
> 鄰國，已算是幸福了。反而，可能很多人會忽略的
> 是人禍風險方面。

打算移居外地，實在有不少事情需要考慮。在另一篇幅，已有文章談及
泰國的天氣；而另一點同樣重要的相關考慮，就是天災。

相比菲律賓和日本等國，需要經常面對風災和地震風險，泰國已經算是
較安全的地方了。移居泰國前，曾經搜尋這方面資訊，很多都說這裡沒
有什麼天災。但實情，泰國仍是有天災的，只是相比菲律賓、印尼甚至
是日本，這裡所發生的天災，未必吸引到國際傳媒廣泛報導而已。

泰國是會有地震的，僥倖地過往所發生的都是輕量級而已。至於風災方
面，就要視乎省份了。以曼谷而言，就算是打風（Storm），級數還不
至於去到香港打十號風球般厲害。但在泰國其他省份，例如是南部的旅
遊勝地布吉和蘇梅島等，打風起來可以很駭人。如今天氣反常，差不多
到十二月尾，泰國南部那幾個省府，還在經歷颶風，所有船隻要被逼停
航，並且還要面對嚴重水浸問題。而泰國中部和北部則同時在享受着難
得的清涼兼乾爽天氣，正所謂「同人唔同命」；雖然身處同一國家，但
是不同省府就是會面對或享受着不同的天氣。

縱使天災未必會經常發生，但是當遇上天災，一次亦足以造成巨大的人
命傷亡和財產損失。試想想，誰人會喜歡住在要隨時諗住要拖喼逃生，
又或經常要與風雨同路的地方？再加上如果在新的居住地，除了要顧慮

第四章 文化風俗篇

人身安全外，還要擔心在置業後，財產會因天災而損毀（就算是想購買保險，亦未必會受保），物業和個人財產有可能隨時化為烏有。

雖然泰國需要面對地震和颱風那些巨大災害的風險較低，但水浸風險則是全國性問題，所以租賃或購置物業時要留意此點。

除了水浸問題外，泰國在天災方面的顧慮相對一些鄰國，已算是幸福了。反而，可能很多人會忽略的是人禍風險方面。雖然，近年泰國看似是頗為風平浪靜，但偶然還會發生零星的炸彈爆炸事件。近年較嚴重的相信是在二零一五年，在曼谷市四面佛附近所發生的大爆炸。二零一九年，也是在曼谷市發生多枚炸彈爆炸。就算是最近二零二二年，仍有炸彈案件發生，只是主要發生於泰國南部而已。相對於天災，泰國的政治暴亂風險更是值得留意。

04. 今朝有酒今朝醉

> 泰國人於二零二二年之每年平均收入，約為 33 萬泰銖，但人均個人債務卻為 50 萬泰銖；即表示泰國人之個人債務約高於其收入達 52%。

過去幾年疫情，泰國跟其他很多國家一樣，經濟深受嚴重打擊，令泰國本來已經積弱已久的家庭債務（Household debt）問題，更加雪上加霜。

根據官方數字，泰國的家庭債務比率，於二零一零年約佔其國內生產總值（GDP）之 60%，但在二零二二年第三季，已大幅颷升至 86.8%，比率甚至是居亞洲之冠，債務總額達到 14.9 兆（trillion）之鉅，可見問題絕不簡單。

此外，根據泰國商會大學（University of Thai Chamber of Commerce），在二零二二年八月做的一項調查，共訪問了 1,350 個家庭後，得悉二零二二年的平均家庭債務約為 501,711 泰銖。受訪者均為總收入超過五萬泰銖的家庭，而高至 99.6% 的受訪者均稱有欠債，大部分為私人債務和信用卡欠款，主要用作購買消費品和耐用品。在二零二二年首七個月，佔約 65.9% 曾經至少有一次無如期還款，主要是由於收入減少和生活成本上升之故。

據報，泰國人於二零二二年之每年平均收入，約為 33 萬泰銖，但人均個人債務卻為 50 萬泰銖；即表示泰國人之個人債務約高於其收入達 52%。

上述所談的只是一些硬數字，要知道泰國這裡是有「高利貸」（loan sharks）存在的，所以當泰國人財務有困難時，自必還有其他借錢渠道。據估計，如果加上非正式數據，泰國人之家庭債務，可能約高於其收入的 120%。

在出口收緩和旅遊業仍未全面復甦的艱難環境下，理論上，泰國人應該是要束緊褲頭，節衣縮食，滿面愁容的。但在過去幾年的疫情期，若是走在街上，尤其是食肆酒吧，卻仍然是人頭湧湧，當地人仍是那麼談笑自若的。有泰國經濟學者就曾打趣地說，泰國人既然已債台高築，反正怎也是還不來的了，倒不如先花費來吃喝玩樂，今朝有酒今朝醉吧。我們身為外國人的，真的未必那麼容易理解泰國人的消費行為，只好佩服他們的高 EQ，希望那些個人債務不會釀成社會問題吧。

今朝有酒今朝醉是許多泰國人的理財哲學。

05. 泰國人拍照文化

> 泰國人的文化，就是喜歡拍下照片，以證明他們曾經到過那裡，又或者是曾經做過那些工序（但純粹擺完姿勢拍照，是否完成則無從考究）。

泰國人真的很喜歡拍照，特別在那些景點地標，往往會見到泰國人無論男男女女，都喜歡不斷擺出各種姿態來拍照。這亦是部份原因，泰國有那麼多裝修得美侖美奐的咖啡店，為的就是要吸引顧客前往光顧拍照「打卡」。

為何會特別談及拍照這個話題呢？上面所談及的拍照，只是作為自娛、欣賞和分享目的而已。但在泰國生活，很多時候也會見到一些「非自願」拍照場景。在香港，大家都會很注重私隱，但在這裡的人們對於這範疇的意識則相對地薄弱。有沒有想到在泰國打工，隨時會被同事和上司要求拍照嗎？泰國人的文化，就是喜歡拍下照片，以證明他們曾經到過那裡，又或者是曾經做過那些工序（但純粹擺完姿勢拍照，是否完成則無從考究）。做打工仔的可以「Say No」嗎？除非「唔想撈」。

幾年前初來泰國的時候，需要在飛往海外旅遊前買電話 SIM 卡，當時香港還未有實名制登記要求，但泰國已經在這方面先行多步了。不要緊，便按規矩提供護照作登記，但怎知還被要求拍照作記錄。這下真的頗難接受，為何提供身份證明文件還不夠呢？幾經周旋，還是要跪低，乖乖地拍照才能了事。最近和朋友們閒談間傾到這個問題，大家都是不甚理解為何要做這動作，但又要被逼屈服，所以就回以「kawaii」和「做鬼臉」容貌來按例拍照，笑死我。

此外，日常生活遇到被「非自願」拍照的情況都頗多。例如在搭交通工具時，職員在閘口無端端幫你映「沙龍」；清洗冷氣機工人，於施工期間拍照；又或者是傢俬送貨工人放下物件後拍照等。要知道他們所拍攝的，很多時候都會隨意地大範圍將閣下的家居裝修擺設，甚至是連家人也可能一併攝入鏡頭的。除非閣下並不介意，否則應該在留意到有該類情況發生時，要求他們刪除那些涉及私隱的相片，一般都會願意合作的。

泰國人無論男男女女，都喜歡不斷擺出各種姿態自拍。

131

06. 與時間競賽

> 香港人慣於按「朝九晚五」模式行事，但在泰國這裡，辦公和營業時間就是按他們喜好而定，所以最好還是在到訪前，查清楚其營運時間。

很多人會以為，在泰國生話，樣樣事情都可以放慢腳步，又怎會想像到在某些環節，還是要與時間競賽呢？所指的，是因為泰國人的工作模式和機構的營業時間，與香港儘不相同，唔理解的就隨時會碰釘子。

香港人慣於按「朝九晚五」模式行事，但在泰國這裡，辦公和營業時間就是按他們喜好而定，所以最好還是在到訪前，查清楚其營運時間，以免浪費腳骨力。

泰國的公營機構，很多都會在早上八時半便開始辦公，直到下午四時。中間在正午十二點有機會放飯一粒鐘完全停止工作，不像香港般會有輪班放飯時間，以繼續提供服務的。如果機構是有派籌要求的，最好至少在關門一小時前便到達取籌，否則職員可能要你「明天請早」。

但正如上述所講，辦公時間是按他們喜好而定的，有想過電力公司上午七時半便開門，下午三點便關門嗎？

至於銀行方面，一般營業時間都是於早上八時半或九時開始，下午四時關門的。但要留意，他們可能會訂於三時或三時半停止某些服務。所以，如果不理解而又是剛巧在星期五的話，對不起，又要「下周請早」了。因為不是每間銀行都會在周末營業的。

超級市場的營業時間，就是更加彈性，有些早在晨早六點已開始營業，直至晚上十點才關門，非常勤力。但亦有些是早上十點左右才開門，晚上八時左右便關門。要留意，不要期望有如香港最後幾分鐘衝入店內掃貨的場面，因為這裡的「食蕉」叔叔，早在關門時間前那十來分鐘，已拉了大半閘緊守崗位，顧客只可有出無入，確保店內同事準時收工。

餐廳的營業同樣亦是非常彈性，可以每間分店都不一樣。但不要以為其營業時間明明寫着是至晚上九時的，能趕於八時或八時十五分前到達一定有得食，因為 Last Order 時間，可以任餐廳職員講的。曾見過有顧客沒有訂座，在餐廳正式關門時間前一小時到達，職員也不賣賬，因為當晚領班經理放假，他們便可為所欲為，又是要確保大家都可準時收工。

正所謂各處鄉村各處例，還是按着遊戲規則行事吧。

電力公司下午三時已收工。

07. 港泰生活比較（泰愛篇）

> 泰國只要稍肯花錢，要享受到多姿多采和較優質的
> 生活，並非難事。論服務水平，泰國的性價比，較
> 香港的高得多。

每個地方總有其可愛和不可愛之處，世界上根本無完美之地。移居泰國
這幾年，有機會更深入瞭解泰國民情，加上經歷了新冠疫情這個世紀大
劫，更加可以明白泰國人的處事作風，如何迎難而上。朋友們經常都關
心地問我在泰國生活得如何，與香港比較，那裡生活舒適些？老實說，
很難比較。畢竟泰國就是泰國，香港就是香港。泰國既有很多可愛之處，
亦有不少惱人的地方。只可以說，港人如果打算移居泰國，只要不是期
望得太理想，過來簡單地生活，這個「微笑之地」還是可以的。讓我先
分享一下泰國較可愛的一面：

陽光充沛

不知何解，當一談起泰國，人們總會自然地聯想到熾熱的太陽，高溫的
天氣。我未移居這裡時，多少也有點擔憂難於適應。但居住下來後，又
發覺這邊的「太陽伯伯」並非是經常那麼「霸氣」，甚至有些時候，就
好似去年（二二年）底至今年（二三年）頭，竟然送上短暫的寒冷天氣
（平均攝氏十幾二十度），好一個舒服的驚喜。泰國的陽光就是充沛，
要問我喜歡泰國的什麼東西，我會毫不猶疑地回答，其中一樣就是這裡
的陽光。相比香港的悶熱潮濕天氣，這裡舒服得多，至少心情也不會怎
樣納悶。

第四章 文化風俗篇

美麗的海灘和景點

如果在過去幾年，不是有世紀疫情，相信在泰國玩本土遊，都已夠玩得不亦樂乎。雖然住在曼谷這個只有河道的城市，但只需往外走一、兩小時車程，便已經可以親近到那些美麗海灘了。當然，真正美麗的海灘，還是要乘一小時飛機往南走的。況且，就是在曼谷和周邊，也有不少值得參觀的景點。單以漂亮的廟宇為例，就已夠目不暇給了。雖然，香港也有海灘和海岸地質公園，亦有不錯的景點；但規模還是受地少所限，難怪二三年一開關，港人便一窩蜂地湧了過來泰國玩了。

有人情味

我常說泰國很多事情都像幾十年前的香港，久違了的人情味，在這裡隨處可見。以餐廳食肆為例，僅光顧一兩次後，店員已認得你，記得你喜好的菜色，甚至是少糖、走辣的口味。少見了一段時間，也會多加問候。香港就是一個典型都會，人與人之間就是冷漠地在狹窄空間生活，人情味嘛……已久違了。

美食處處

泰國（尤其是曼谷）就是個美食天堂，除了平民街檔美食外，講得出的中、日、韓、意、法……菜式，都可在此盡嚐，而且價錢更是吸引。香港曾幾何時也是個美食天堂，但要找到有心思做菜的店家，早已是難上加難。刻板而商業化的高級食肆當然有，但索價奇高之餘，食物質素和服務卻難有驚喜。

樓價租金相宜

泰國的消費較低，實在多得當地樓價和租金相宜之故。幾千港元已可租到不錯的一房單位，樓價仍是處於很多人負擔得來的水平。生活上最大的負擔既然可以較輕鬆解決，其餘的就易辦事了。不用多說，香港的高樓價環境下，港人每天的奔波勞碌，就可能只是為了供那僅可容身的納米單位。在香港，大家都會明白居所「可以三邊落牀」是何其珍貴；但在泰國，多少人卻視為理所當然。

泰式按摩

雖然泰式按摩並非是我杯茶（尤其是在新冠病毒仍存在的環境下），但無可否認，幾百泰銖已經可以在舒適的環境下，享受到正宗的泰式按摩服務，好此道的朋友，這裡簡直就是天堂啦。香港雖然都有按摩服務，但論環境、服務和價錢，又怎能與泰國相比？還是買張「Oxxx」按摩椅頂住先吧。

較優質生活

如果已退休或半退休的，作為消費者，某程度上，泰國只要稍肯花錢，要享受到多姿多采和較優質的生活，並非難事。論服務水平，泰國的性價比，較香港的高得多。

08. 港泰生活比較（港愛篇）

> 泰國的空氣污染實在是非常嚴重，有鼻敏感的朋友就務必留意。大部分患者除了會有呼吸道問題外，甚至還會出現皮膚炎、眼睛發炎等症狀。

正如前文所説，世界上根本難找完美之地。雖則泰國有很多可愛之處，但惱人的地方亦有不少。相比下，香港在一些範疇又較泰國高分。

空氣污染嚴重

泰國的空氣污染實在嚴重，還是非常嚴重那種，有鼻敏感的朋友就務必留意。大部分患者除了會有呼吸道問題外，甚至還會出現皮膚炎、眼睛發炎等症狀，就算帶了口罩也未必完全有用。在二零二三年二月初，泰國公共衛生部就曾發表數字，單一周內因空氣污染而導致身體不適的病患人數，竟高逾三十七萬人，連部份學校也要被逼停課，可見問題的嚴重性。香港的空氣污染情況，相比於泰國簡直是九牛一毛。

經常塞車

香港雖然也會有塞車情況，但絕不會像泰國那麼誇張。除非是居住在曼谷市以外，塞車問題才稍為沒那麼嚴重。就算是曼谷如今已有 BTS 和 MRT，塞車問題依然解決不了，因為稍負擔得起的泰國人，總是喜歡自己揸車，而不願搭乘公共交通工具。特別是在下班時間和下雨天，在路面塞上一兩小時的車，都是等閒事。死症！

瘋狂電單車

已有另一篇文章介紹，不少電單車駕駛者妄顧途人安全，經常剷上行人路。並且，就算是在斑馬線行人綠燈亮起時，電單車亦經常不理會照衝可也，造成不少交通意外。真的不知何時，警察才會正視這些問題，並嚴厲執法。相對地，香港在道路使用方面，安全得多。

貪污執法問題

香港就是要多得有 ICAC，大家做事都有規有矩。泰國這裡的貪污執法問題，在二三年初兩宗炒得熱烘烘的新聞－警察在機場提供 VVIP 付費接送服務和台灣藝人「被屈」兩萬幾泰銖事件，可見一斑。

無助的外國人

正所謂「人離鄉賤」，香港人過來泰國生活，如果是在「無事無幹」的情況下，基本上是舒適的。但經歷過去幾年疫情，事實反映出，就如在二一年泰國新冠疫情失控的災難情況下，外國人就算是肯俾錢，也無針可打，「中咗招」都未必有醫院房住，口罩和防疫用品早就已給遊客一箱箱地掃往海外。困了在泰國，就只能聽天由命，就是無助。那是個刻骨銘心的恐怖經歷！

09. 外國人與泰國人 的文化差異

> 泰國人通常只會在三種情況下，才會真的「着急」。
> 一是他們肚餓要吃飯時，二是他們拉肚子要如廁
> 時，三是他們趕着要收工時。

計劃移居外地，通常都會對未來移居地有所期望，才會願意離鄉別井。
但畢竟每個國家都有各自獨特的文化和風俗，如果能夠在移居前多加瞭
解，心理有所準備，定居下來可能會較快適應。以下幾點是我個人感受，
香港人在泰國生活的較大文化差異和挑戰：

一、慢活節奏

香港人講求效率，節奏快。但泰國人就習慣「嘆慢板」，經常說：「不
用急」。有些比諭是頗為貼切的，泰國人通常只會在三種情況下，才會
真的「着急」。一是他們肚餓要吃飯時，二是他們拉肚子要如廁時，三
是他們趕着要收工時。我覺得這些比諭絕無誇張，絕對認同。不妨看看
一些要排隊輪候辦公的地方，整個早上就如龜速爬行一樣，正所謂「你
急佢唔急」，你趕時間的可以擇日再來。但奇妙地在十一點過後，步伐
可以倍速移動，因為趕十二點「放飯」呀！

二、不可直言

這點相信是很多香港人最難適應的，因為香港受西方文化影響已久，慣於「直腸直肚」，看到有問題的便會直言無諱。但泰國人並不接受這套，他們較愛面子，就是明顯犯錯了，也要找些婉轉的方法告知，令其明白，避免「顏面何存」的情況出現。甚至有些泰國人更會不忿地覺得，你們外國人真的比我們聰明些嗎？所以，香港人的「躁火」，在這裡可能很快地會被「淋熄」的。泰國人就是喜歡用自己的一套。

三、少正面交鋒

不要傻氣地以為在這裡多交幾個泰國「朋友」，到有事時他們會「兩肋插刀」出手相助。不會的，泰國人是較為避忌正面交鋒的。我就曾經歷過被泰國人出賣，做「爛頭卒」代他人發聲，怎知到頭來那些慫恿你去發聲者就躲在身後一聲不響，所以經那一役後，便學曉什麼是「表裡不一」，以後不再那麼傻仔地做「出頭鳥」孤軍作戰了。

四、過份客氣

泰國人和日本人在禮儀上都是很近似，平時交往都是客客氣氣的，甚至是流於過份客氣。如果是外國人，尤其是習慣於美式單刀直入處事方式的，在這裡真的要調整一下節奏。先別談效率，大家先來培養感情再說。

五、含糊不清

香港和一些西方國家，都是習慣於在清淅的框架下運作的。但在泰國生活，就要學懂接受這裡很多事情都是相對地「含糊不清」，不要老是問「即係點呀？」 所以，我在本書亦經常用「理論上」這三個字，意會到了嗎？

六、做事求其

泰國人的辦事準則，未必能迎合到一些外國人要求。所以，拜託泰國人做事，不要以為他們會完全明白。就算是訂明施工準則，中間也很有可能會出現人為或技術問題，而令到製成品「走樣」。譬如說，在餐廳明明叫了個用真菠蘿盛載的菠蘿炒飯，但上桌時才發覺是縮水版碟頭「菠蘿碎」炒飯，問侍應何解，只回一句：「Finished」，即係話係咁你要唔要吖！那還算事少，如果是攪裝修工程，就更「大鑊」。不然，可試吓全權交由當地判頭處理裝修，包有不少意外「驚喜」，少看一眼都會出事呀。

七、無現金交易

香港雖然也有不少人喜歡用電子消費形式購物，但相比泰國人的接受程度仍差距甚遠。有推測估計，二零二三年泰國購物消費，將會高達九成五為無現金消費。所以，在泰國生活，無論是多憂慮私隱和系統安全性問題，遲早也要順應潮流妥協下來的。

八、性別包容

其實，整個東南亞的風俗，都會對不同性取向的人持較開放包容的態度。所以，要在東南亞國家生活，無論喜歡與否，也得要接納這點才行。

上述列舉的，都是外國人與泰國人在文化和處事方式上的一些差異，沒有對與錯。畢竟，這裡是他人的國家，外國人在這裡生活，就只得隨着順應吧。

10. 貧富懸殊的國度

> 全國的大部份財富，幾乎都是集中在曼谷；鄉鎮人民可以分享到的成果，委實有限。

假如還以為泰國是個貧窮落後國家，諗住拿着美金或港元過來，一定可以很好「洗」，做皇帝咁做的話；那便要奉勸一句，最好還是先調整一下那心態了。當然，這裡仍然可以過極草根的生活，餐餐食四、五十餘泰銖的泰式豬肉碎飯或者泰式炒河，錢還可以很好「洗」。但如果真的要過皇帝式的奢華生活，那便是另一回事了。因為這裡幾乎所有高檔貨品，都是從海外輸入，那便要繳付高昂的入口稅。所以，在這裡吃高級牛扒、羊架、芝士、洋酒等，絕對是奢侈品。

況且，泰國的富有人家，絕對比不少外國有錢人（雖然相比於香港的首富們，仍有一段距離）來得富貴。根據 2022 福布斯（Forbes）富豪排行榜，泰國首五位富豪為：

排名	富豪名稱	資產（美元）	業務範圍
1	Chearavanont brothers	265 億	房地產、食品、零售、汽車、媒體、電訊等。旗下品牌包括 CP、7-11、Makro、Lotus's、Magnolia 及 True 等
2	Chalerm Yoovidhya & family	264 億	飲料。旗下品牌包括 Red Bull 及 SPY。
3	Charoen Sirivadhanabhakdi	112 億	酒店、地產、金融、零售業等。旗下品牌包括 Chang beer、Big C 及 Asset World 等
4	Sarath Ratanavadi	111 億	能源業。旗下品牌包括 Gulf Energy。
5	Chirathivat family	106 億	零售、酒店業。旗下品牌包括 Central 及 Centara 等。

第四章 文化風俗篇

如果有留意的話，泰國的富豪們，其實早已衝出海外，例如在泰國經營免稅店的 King Power，早在十多年前，便已買下英國萊斯特足球隊（Leicester City Football Club）。英國高檔次百貨公司 Selfridges，亦於兩年前易手予泰國經營 Central 百貨公司的家族和一奧地利公司，平分秋色。更新鮮熱辣且有趣的，應該可算是環球小姐（Miss Universe）組織，亦已於二二年歸泰國人所有。厲害吧！

泰國曾經是全球貧富差距最大的國家，雖然近年情況已有所改善，但這裡仍有相當高比例的「窮人」。富有人家吃一餐的價錢，分分鐘足夠草根階層吃一星期的餐食。豪華轎車、私人飛機、高級遊艇、富豪俱樂部……這裡應有盡有。可是，全國的大部份財富，幾乎都是集中在曼谷；鄉鎮人民可以分享到的成果，委實有限。這累積多年的財富不均現象，便不期然會構成或多或少的社會問題，這亦是我們外國人在此定居和投資所需考慮的不穩定因素。

泰國是一個貧富差距頗嚴重的國家。

11. 吃喝玩樂在泰國

> 有人笑稱泰國是個「魔」國度（取其諧音，魔
> =Mall），尤其是曼谷市更是誇張，幾乎每個區都
> 有個不錯的商場。

香港在二二年底開關後，港人便一窩蜂地過來泰國旅遊，因為泰國已放寬了所有防疫措施，總之就是要錢。所以，如今幾乎所有景點都人頭湧湧，畢竟講到吃喝玩樂，還會不是泰國的強項嗎？

泰國之所以能夠吸引那麼多遊客過來消費，吸引到那麼多人願意移居過來，除了是消費可平可貴外，更重要是這裡的多元化消閒娛樂節目，總會有一樣可以迎合大家口味的。

先談談美食吧。曾幾何時，香港自稱為「美食天堂」，但如今不少東南亞地方，已迎頭趕上，泰國便是個好例子。以前，這裡賣點就是「平價」，尤甚是街邊美食，火喉十足，調味料豐富，什麼泰式炒貴刁（Pad Thai）、粉絲蟹煲、還有濃郁湯底的船麵（boat noodle）、蝦膏滿溢的炭燒大頭蝦、現場泡製的木瓜沙拉（Somtum）……等等，數之不盡。如此質素，如此價錢，在其他地方實在難以吃到。

泰國的夜市，更是不可不提。除了那無盡的美食檔攤外，還有價廉的手工藝品、衣服飾物、現場音樂表演等，輕輕鬆鬆的，很容易就消磨了一個晚上。

要高級一點，可以找間 Roof bar 飲番杯，聽吓音樂，欣賞曼谷燦爛的夜景，這樣又過了個優哉游哉的晚上。

在泰國，怎麼可以不提泰式按摩，和那些充滿泰式風情的 spa 呢？所費無幾，但無論環境和技師水準之高，便知什麼是「性價比」。

有人笑稱泰國是個「魔」國度（取其諧音，魔 =Mall），尤其是曼谷市更是誇張，幾乎每個區都有個不錯的商場。所以，喜歡逛商場購物的朋友，來泰國住就啱晒啦。

在很多地方，打高爾夫球是何等高檔的玩意，但在泰國卻是普通不過的事。這裡有為數不少的高爾夫球場輕鬆玩樂，而且更是友善價，好此道者有福了。

此外，在泰國玩本土遊，更是花樣多多，各式其色。有刺激到喊的樂園，有全家都啱玩的農莊，還有國家公園和古蹟遺址，當然少不了那些美麗沙灘吧。偶爾駕車或搭內陸機，僅需一、兩小時，便可度個不一樣的假期了。

真的好似在寫着旅遊文章，但在泰國生活，有時真的彷如在旅遊。無可否認，吃喝玩樂真是泰國的強項。

以香港為主題的創意商場 pop-up 市集。

12. 不懂泰文怎樣生活

外國人如果不懂泰文，在泰國生活未必不行。但不要指望泰國人會在這方面作出改善，因為他們只會認為我們外國人是有責任去學懂泰文，與他們溝通。

常被朋友問：「你懂得泰文嗎？」我都老實地回答：「不懂。就只曉那幾句行走江湖的吧了。」555（這是泰國人慣用來代表「哈哈哈」的意思，因為 5 的泰文發音就是「哈」）！

隨後，他們便好奇地追問，不懂泰文怎樣可以在泰國生活呢？其實，這亦是我需要揀選定居曼谷的原因，皆因像曼谷、芭堤雅等地，早已有大批外國人居住；故此，理論上在這些地方就算不懂泰文，應該都不會有太大問題。

又再次出現「理論上」與「實際上」出現落差。在曼谷居住這數年間，曾經碰到不少奇遇。就像有鄰居介紹了一家冷氣清潔公司給我，於是打電話給他們預約服務，我跟接電話的員工說英語，她就嘰哩咕嚕的幾句後把電話掛上。哈哈！她 cut 我線！多無奈！還好，不到半小時，那間公司有另一略懂英語的員工，竟回電給我跟進。但並不是每次都那麼好運，有些電話接線生就因為不曉說英語，便會不客氣地 cut 你線，完全不足為奇。

再多舉一例子，曾經嘗試聯絡某大型連鎖傢俬店的客戶服務中心，但原來熱線並沒有英語服務，最終是要電郵給他們，待他們回覆，多有效率。

這個世代，上網搜尋資料是普遍不過的事。這裡不少的公司網頁，都設有英文版本，但不要過早開心，因為就算是揀了英語，出現的就只有英語標題，內容還是泰文的，服未？

在泰國，經常出現「雞同鴨講」場景，泰國服務員明知你不懂泰語，也還是自言自語地講一大堆泰語，然後便禮貌地「撤退」，因為心想已完成了介紹產品使命，做了要做的工作，已懶理你是否明白所述的。

還好，如今的科技發達，起碼 Google Translate 或多或少地能夠幫得上忙，翻譯是否準確又是另一回事。在日常生活上，泰國人習慣以 Google Translate 與外國人溝通，大家拿着手電互相往還，蠻有趣。

曾經在不同場合，發生「雞同鴨講」的問題，都多番有上了年紀的泰國人仗義相助。我曾經詢問過一位講流利英語的泰國長者，為何年青一代的英語水平，反而遠不及上一、兩代的呢？她有些不好意思地回答，也許是她們年老一代的教育比較嚴謹，如今的年輕一輩或許分了心往其他地方吧。可能是真的。

外國人如果不懂泰文，在泰國生活未必不行，但始終會較「蝕底」。不要指望泰國人會在這方面作出改善，因為他們只會認為我們外國人是有責任去學懂泰文，與他們溝通。對與錯，見仁見智吧。

13. 錯綜複雜的泰華關係

> 泰國華人的勢力，在這裡隨處可見。走在街上，仍然可以隨處見到寫有中文名稱的商舖牌區，別具特色，頗為有趣。

當年考慮移居東南亞，最終揀選了落腳泰國的一個重要考慮，就是相信排華風險低。

參考相關歷史，中國人原來早於一千多年前，已經移居泰國，繼而開枝散葉，所以如今很多泰國人都有着中國血統。並且，少數的泰藉華人（Thai-Chinese）家族，更掌控着泰國大部份經濟，甚至是活躍於政治舞台。就以泰國兩位前首相，他信（Taksin Shinawatra）和英拉（Yingluck Shinawatra）為例，他們的祖先便是原藉中國客家。而我們港人熟悉的前行會召集人陳智思太平紳士，其祖父便是泰國盤谷銀行的創辦人，家族在泰國甚具影響力，也是祖籍中國廣東。

其實，泰國華人的勢力，在這裡隨處可見。走在街上，仍然可以隨處見到寫有中文名稱的商舖牌區，別具特色，頗為有趣。在曼谷市，有號稱為世界最大的唐人街（China Town），還有無數美侖美奐富中國特色的廟宇，學校和醫院等建設。而相信那些捐獻和建設，亦正彰顯了中國人的傳統美德，贏到當地人的歡心。

不講不知，泰國的農曆新年氣氛，絕對不遜於香港。商場、超市和食肆等，都會花心思地張燈結綵，炮仗接連發放，還有舞獅活動，不一樣的泰式新年糕點，更有泰國美女們以賀年服飾打扮助興，到處都洋溢着歡

樂的節慶氛圍。同樣地，泰國人也會慶祝中秋節，在這裡甚至可以買到香港製造的「美 X」月餅，有趣吧。這亦正好反映出，這個地方對中國傳統的重視。

凡此種種，華人理論上在泰國生活應該是安全的吧。但在最近一年，經過當地媒體的廣泛報導，揭發有中國人在泰國從事電訊詐騙、網絡賭博、毒品經營等「灰色產業」。而較轟動的新聞，可算是二二年十月泰國警方突擊搜查曼谷市一間夜總會，搜獲毒品相關罪証並逮捕了二百多名中國遊客，有興趣的可上網搜尋該則新聞的詳細報導。但那只不過是冰山一角，其他被揭發的還有找當地人代持股、冒名購置房地產、非法簽證等不法勾當。一下子，中國人的公眾形象嚴重受損。真的無奈！

看過有文章分析，泰國華人被污名化的背後原因，可能是部份泰國人，對中國影響力增加而感到不安，並擔心會因而演變出排華思潮。但我個人覺得，在泰國會出現排華的機率還是不大，畢竟這些都是個別事件。但願事情能夠儘早得以解決和淡化，我等「路人甲乙丙」的華人，可以繼續平靜地在泰國生活吧。

14. 有趣的泰國人小名

> 大部份的泰國人在出生時，父母便會幫其取個簡單易記的小名。取材可以來自動物、昆蟲、食物、生菓、運動等等，很多都是易讀上口的英文單詞。

超長的泰國人姓名，莫説是難於記着，很多時候連讀也會覺得困難。所以，當交上新的泰國朋友時，如果已瞭解當地人原來有改小名（Nickname）的習慣，溝通交往起來便輕鬆得多了。

基於泰國人的冗長姓名，就算跟你説了其泰國名字，轉個頭也會忘記了。但如果你知他的小名叫 Ball，還會不記得嗎？ 而且，一些泰國人是頗為迷信，當他們覺得運勢有所不順時，便可能會走去改名。反而那些奇怪有趣的小名，卻會伴隨一世。所以，瞭解多些當地人改小名的風俗，與泰國人相處時，是有實際意義的。

大部份的泰國人在出生時，父母便會幫其取個簡單易記的小名。取材可以來自動物、昆蟲、食物、生菓、運動等等，很多都是易讀上口的英文單詞。所以，有時在一些人多的場合，有可能會分別認識兩隻豬（小名：Moo，豬的意思），也不足為怪。

關於泰國人取小名的因由，另有一則有趣傳説，跟中國人的迷信不謀而合。據説，如果常以嬰孩的真實姓名稱呼，尤其是可愛精靈的小朋友，有可能會吸引到妖魔的關注。所以，泰國父母總説 BB「醜陋」，取個沒什麼「顏值」的小名，那些妖魔便可能覺得不值打擾，小孩子便得以安全成長。哈哈，就當聽多個故事吧。

小名被取得好與壞，真的要拜託其父母的智慧。尤其是一些泰國小名，當轉以英文發音時，可能會出現頗尷尬的情況。例如將 Pornthip 名字縮為 Porn，泰文的「蟹」是 Poo，泰文 Pii 本來是沒什麼問題的，但當以英語發音時，便出事了，有點啼笑皆非。

有些小名就更簡單地以 A、B、C 等英文單音命名，但並不一定代表其父母懶得改名，只是叫「A」的是老大，「B」是排行第二而已。

很多時候，與泰國人初認識時，他們告知其小名時，也會很樂意解釋該小名的意思，甚至還會用身體動作來幫助描述，例如 Chang（代表象），他們會做象鼻手勢，Nok（代表鳥），他們會用手做飛的動作，這就是泰國人的可愛。

總之，泰國人的小名，有的真是給命名得要多有趣，便有多趣。可能路旁做清潔工的哥哥叫 Boss，兇神惡煞的叫 Joke，個子細小的叫 Big，還有……算了吧，還是拜託父母能手下留情，不要玩得太盡，畢竟小名是會跟足一世來用的。

15. 泰式飲酒風俗習慣

> 從消費者角度而論，泰國的酒價頗為昂貴，而且較高檔次的選擇亦有限，就算有也價錢高到不合理水平。

假如閣下喜歡閒時飲番兩杯，正想移居泰國，便要留意這裡的飲酒風俗習慣了。

幾年前剛到埗泰國不久，在一個偶然機會下，參加了一次試酒小型聚會。因為有間餐廳正籌備開業，所以就搞了那試酒會，來揀選些「心頭好」，日後便在餐廳銷售。小弟並非是具經驗的酒徒，只是偶一為之與家人朋友，淺嚐兩杯那種。但既然人家那麼有誠意邀請，何妨見識一下，增廣見聞？當晚每位參與者，都很認真地在嚐過每枝酒後，隨後寫下評價。

由於小弟對品酒的專業知識有限，只可以從顧客角度評論喜歡程度而已。老實說，那次試的酒，可能是我個人口味吧，並沒有一枝是喜歡的。有點失望！但那間將開業的餐廳，是屬中高檔次，希望其他顧客的評價會與我有所不同吧。不管怎樣，那次試酒會是個難得經驗，但更令我質疑這裡所售賣的酒之質素和檔次。

但其實泰國的普羅大眾，最喜歡飲的是啤酒，其次是本地的威士忌，可能是由於這類飲料的價位較低吧。經常見到泰國人，喜歡一大班人聚餐，枱上除了放滿不知多少碟的食物外，總會有一個大啤酒塔（beer tower），或者是威士忌加梳打水，歡樂地嘻嘻哈哈，就那樣度過一個晚上。

畢竟在泰國飲酒並不便宜，因為這裡所有入口貨都很昂貴，所以本地生產的啤酒、威士忌便成了熱賣。而泰國人亦早已開始生產本土洋酒，來迎合不同市場需要。

資料顯示，泰國人較喜愛飲紅酒，例如是 Cabernet Sauvignon 和 Shiraz。外國人則較愛以白酒，如 Sauvignon Blanc 和 Chardonnay 配當地菜色。又以澳洲和法國酒較受歡迎，其次是美國、意大利和智利等。

從消費者角度而論，這裡的酒價頗為昂貴，而且較高檔次的選擇亦有限，就算有也價錢高到不合理水平。最近，在一間五星酒店（不是豪華五星那檔次）的意大利餐廳用膳，想要枝 Moscato D'asti 來作普通配菜，索價要差不多五百港幣，可想而知。

如今各地都已開關，大家又可輕鬆到處旅遊，不妨在海外碰到「好嘢」便帶過來，除了價錢平一截外，這裡未必有得賣呢。

16. 唔講唔知的泰特色

泰國人就似乎偏好白色和粉色，在喜慶節日會掛幡旗和白燈籠，中國人角度看來就有點詭異，但這亦說明各處鄉村各處例。

在二二年十二月，網上有一則很有趣的新聞，刊登後即成為討論熱話。事情是這樣的，日本二二年底開關後，大批泰國人便湧往旅遊，因為日本是泰國人的旅遊首選地之一。

本來做生意的，眼見有旅行團再來光顧，應該是興奮才對，但問題就出在一些泰國人如廁的習慣。唔講唔知，頗多泰國人是不會把如廁後的廁紙扔入坐廁沖走的。如果有留意的話，泰國的廁格內通常都有個細小的垃圾桶，因為泰國人基於廁紙會淤塞廁所溝渠之故，習慣在「辦工」後用水喉沖洗屁股（但公眾廁所未必有安裝那水喉的），然後用廁紙揩乾，扔進垃圾桶的。但日本如廁的習慣，跟香港和很多地方一樣，都是直接讓坐廁的水，沖走污穢物和廁紙的。所以，泰國團友在光顧一輪後，會留下多少「蘇州屎」給食肆清理，可想而知。難怪那食肆老闆娘會大發雷霆，要在 Facebook 的群組留言，作出「強力勸喻」了。

講開廁所這話題，順便又分享吓泰國人的創意和細心位。像在某高級商場廁所內，每個廁格的坐廁旁，竟然都有充電裝置，會想像到嗎？

還有，一些泰國人戴口罩的習慣，不知是想擴疫還是抗疫，明明見戴着口罩的，突然間走過來時就拉下口罩，打噴嚏時又拉下口罩，噴完才戴回。更不明所以的是，在疫情期間參加的一次會議上，發言的與會者都

是除了口罩發言，然後就將枝「咪高峯」傳來傳去，好得人驚！我有提出在發言時大家需帶着口罩，但會議主持仍堅持發言完才戴回口罩。無奈！可以怎樣？

另外不一樣的風俗，就是節慶的擺設裝飾。中國人喜歡以大紅大紫來作為喜慶顏色，但泰國人就似乎偏好白色和粉色，在喜慶節日會掛幡旗和白燈籠，中國人角度看來就有點詭異，但這亦説明各處鄉村各處例。

至於在飲食方面，一些別具一格的泰特色飲食文化，頗為有趣。有否見過冰鎮紅酒？會否在啤酒加冰飲？ 試過以冷盤切肉（cold cut）和芝士配咖啡未？ 我就未試過啦。就是佩服泰國人的無限創意，這麼那麼的調配，可能日後又會走出一道新菜式來呢。哈哈！

坐廁旁竟然有充電裝置多方便。

17. 老實與古惑的泰國人

> 在泰國，如果商品沒有標價，奉勸一句不要幫襯，
> 多數是「黑店」，宰客的。除非想測試自己的議價
> 能力，則另當別論。

在這裡住下來的幾年時間，每天都跟不同的泰國人接觸打交道，見過他
們很老實和可愛的一面，也領教過他們的古惑奇招，就讓我稍作分享。

路不拾遺的情況，我見過幾次。另外，也有幾次在不同的店舖購物，結
賬時才發現貨品價錢牌應該未改，但店家仍會按其所標示的較低價錢出
售，不用爭拗。而我幾年來，都是用 A 字頭那電訊公司服務，感到非常
滿意。這裡的電訊服務（手提電話和寬頻）合約一般都是一年期的，到
期就每年續約。二二年本來打算去服務中心辦續約，但服務員竟殷實地
告知，二三年的收費會被調低，而所有服務條款則不變，咁就無端端慳
了錢，其實他是沒必要多作介紹的。相比香港的電訊公司，合約「有排」
都未到期，半年前已日日 call 爆機，好似欠他們錢般。還要每次續約都
像要格鬥般，sell 貴價 plan，合約期要綁兩年都嫌短般，泰國電訊公司
的營商手法殷實得多。

話雖如此，這裡的古惑營商招數也不少。例如某大型超市，減價貨品價
錢牌會有兩款，一款標明是 Member Price，即是會員優惠價。另一款則
只是 SALE，看似是任何顧客都可買的減價貨品。如果在買一大堆貨品
時，未必來得及發現原來後者被收取原價。有一次偶然被發現，便與該

第四章 文化風俗篇

超市經理理論，但他卻毫無歉意地回答：「只有會員才享有優惠」，那麼何需有兩款不同的標價牌，不是存心誤導是什麼呢？所以，以後便甚少幫襯。

此外，近年多了出現的情況，是超市將非減價貨品置於減價貨品價錢牌上，混淆視線，一不留神便會中招。

在泰國，如果商品沒有標價，奉勸一句不要幫襯，多數是「黑店」，宰客的。除非想測試自己的議價能力，則另當別論。

泰國商品的華麗包裝，不遜於日本貨，包裝得大大件，與貨品實質體積卻大有差距；購買時要留意容量，免被誤導。我們香港人都應該懂得，「圖片只供參考」這道理吧。

還有出街食飯，理論上如果要收加一服務費，或 7% 消費稅，又或兩者都收，餐牌是會清楚標明的。但有個別食肆餐廳則會「搏懵」，收這收那。總之，餐牌無標示的額外收費，應據理力爭（不過有大漢走過來，就算了吧……講笑啫。）

總之，奸商的古惑營商手法，層出不窮，但難道香港沒有嗎？ 過去這幾年在這裡的在地體驗是，泰國人誠實起來時真的很殼實，很可愛。但難免亦會有不少害群之馬，笑裡藏刀地營商宰客，醒目點「執生」吧。

18. 大麻合法化問題

泰國人的處事方式，老是那麼含含糊糊。説什麼受醫療目的限制，那為何會在各式各樣食品、飲料，以至於化妝品添加大麻呢？

二二年六月九日，泰國宣布將大麻（Cannabis）合法化，成為亞洲首個可以合法買賣大麻的國家，泰國人甚至可以容許在家種植，只要登記和不超過特定數量便不算違法。

將大麻合法化後，雖然支持和反對兩派仍在不斷爭拗，但畢竟法例已被通過，現在反對派可以做的就只有完善法例吧。縱使在法例下，這裡買賣大麻是有所謂醫療目的限制（但咪講笑啦）。自有關法例通過後，販賣大麻或混有大麻成份的店舖和食肆，在街頭隨處可見，尤如遍地開花般。美國《時代雜誌》（TIME）於二二年八月廿四日，刊登了一篇名為" Thailand had notoriously harsh drug laws. Now Weed is legal-and that's making things complicated." 之文章，有詳細報導泰國現時在處理大麻合法化問題上之混亂情況，內容寫得頗為詳盡中肯，有時間不妨一看。

假如有移居泰國的打算，這可是個嶄新課題值得多加思考的，尤其是帶有孩子舉家移居者，日後小朋友在這裡成長的環境，難免會接觸到毒品問題和風氣。二二年十一月廿六日，有一外國人於 Facebook 發佈了一張照片，幾個到十來歲的小朋友，在芭提雅的街頭聚在一起，細看才發

現原來他們用竹製水煙筒吸食大麻，隨而在網上引發激烈討論。據報，有支持大麻合法化人士質疑該則消息之真偽，但無論如何，這亦只是眾多相關新聞之一而已。

泰國人的處事方式，老是那麼含含糊糊。說什麼受醫療目的限制，那為何會在各式各樣食品、飲料，以至於化妝品添加大麻呢？最令人擔心的，就是在不察覺到的情況下，胡裡胡塗飲了含有大麻成份的飲料或者食用了含大麻成份的食品也懵然不知，那麼就嗚呼哀哉了。

總之，唯一可以理解的是，泰國在這經濟低迷時期，為求搞起經濟而不惜一切。 據估計，相關收入於二零二五年會超逾十億美元 （US$1 billion） 之鉅，難怪一些有心人會如此熱衷於發展 Weed tourism。但這可會是一條不歸路，希望利用此方式來闖出新的旅客市場，可能亦會同時嚇怕另一端正常觀光旅客，選擇往其他國家旅遊消費也不足為奇。

順道分享多一則「趣聞」，發生於二二年十一月底，泰國一間小型寺廟，在泰國警方和衛生部人員巡查下，寺內僧侶合共四人全部被驗出濫藥因而被逐，此新聞在當地被廣泛報導，引起各方關注。

隨處可見的大麻販賣店。

雖然新法例生效還未夠一年，問題經已陸續浮現。聽聞一些國家已開始對來自泰國的旅客，採取更嚴謹的入境檢查措施，以搗截帶有大麻成份之物品入境，可真是無奈！至於我們已居住在泰國的，惟有希望這裡的治安不會因而急劇惡化吧。

19. 泰國有機生活

> 這裡可以買到的有機貨品種類，除了較香港選擇多之外，價格更較香港友善得多；因為除了入口貨外，泰國本土早已在生產自家有機貨品。

假如早已習慣有機（Organic）生活的香港人，可能會關心另一個問題，就是移居泰國後，能否繼續過有機生活，輕易買到有機食物和日用品。

放心，這個絕對不是問題，完全可以用錢解決。只要不是居住在偏遠城市，我個人覺得泰國的有機生活，甚至比香港好得多。泰國始終有一班富貴人家，他們的養生意識水平之高，從另類奶品之多元化便可體會到。這裡早已可買到各類燕麥奶、米奶、豆奶、椰奶⋯⋯等等，還再細分無糖、低糖之類，個別產品還間歇性被買到缺貨。可想而知，「有米」的泰國人是多注重飲食健康，多懂得選擇和捨得購買高質素的食品呢。

話說回來，幾年前剛移居泰國時，已覺得在這裡可以買到的有機貨品種類，除了較香港選擇多之外，價格更較香港友善得多；因為除了入口貨外，泰國本土早已在生產自家有機貨品。如今，在泰國稍為高檔的超市，都可輕易地買到各類有機肉類、蔬果、奶類製品等。並且，亦有個別的專門店，專攻這「有機」市場。

雖然，我個人仍然未至於會盲目地崇尚「有機」食物的好處，但還會間中購買這類食用品。姑且不執着於「有機」是否就等同於「有益」這點，但起碼心理上也會稍為感覺良好，環保之餘，貨品亦較新鮮（間中出現在蔬果的生猛蟲蟲，也許足以反映其新鮮度吧。哈哈！）

二三年年初，泰國有機消費者協會（Thai Organic Consumer Association）更舉辦發佈會，大力推廣「有機旅遊」（Organic Tourism），以布吉為試點，透過酒店和餐廳渠道，向遊客和消費者進一步推廣有機產品。所以，相信在泰國要購買有機產品，只會愈來愈容易。

此外，不要忘記這裡除了有一班注重飲食健康的泰國富裕一族外，還有好一大班同樣消費得起的外國人居住，足以支撐有機產品市場的發展。故此，相信相關產品在未來日子，理應只會愈趨多元普及化，才能夠滿足本地需求呢。

顧客購買有機貨品有許多選擇。

161

泰國宜居
เมืองไทยน่าอยู่

20. 聘請泰國傭工

> 泰國人愛面子，有得揀亦不想做「阿四」那麼辛苦和困身的工作，不如走去做售貨員，甚至做保安員。

又是另一個美夢的破滅。因為未搬來泰國住之前，曾經有過美麗的暇想，在這裡聘請個地道「泰國姨姨」傭工，幫手打理家頭細務，最好還可以弄得一手好泰菜的，諗得多美好。畢竟這裡是泰國，人工不會高得去那裡吧。既然香港早已有泰傭的存在，來到泰國當地還不會多到任君選擇嗎？

哈哈！原來這是個一廂情願的想法。當地泰國人肯當家庭傭工的，並不是想像中的多。據了解，這裡略懂英語的留宿家庭傭工，每月工資大概索價由 15,000 泰銖至 20,000 泰銖左右，不懂英語的工資約打八折。但最終工資則要視乎該傭工的經驗、實質工作範圍、要求英語水平等因素而釐定。特別有些「鬼佬」可能由於外派工資和福利好的關係，出手會較為濶綽，所以英語水平好的傭工，就更加吃香。

另一個現實問題，就是泰國本土經濟都不算是太差。根據世界銀行數據，就算是近年深受新冠疫情影響，泰國的失業率只是由二零二零年的 1.1%，微升至二零二一年的 1.4% 而已。基本上，泰國人只要肯做，幾乎都不太擔心找不到工作，這可能亦解釋到為何香港外傭市場中，如今只剩得幾千個泰傭，因為在本土搵到食，犯不着要離鄉別井，走去老遠

打工。況且，泰國人愛面子，有得揀亦不想做「阿四」那麼辛苦和困身的工作，不如走去做售貨員，甚至做保安員，得閒跟同事「吹水」，甚至終日上網睇片好過啦。

所以，在泰國能夠請到的，十之八九都是緬甸傭工。我初期亦有經朋友和代理介紹，用過那些緬甸傭工。每周清潔兩次，每次三至四小時，每月約五、六千泰銖。化以時薪計，價錢並非很便宜，只是叫做有人稍為幫輕家務負擔而已。這並非是重點，問題是工作質素。如果有到過緬甸旅遊的，便會明白到緬甸人的普遍生活環境和習慣，比泰國偏遠地區住的還要差。所以，不能對其工作態度和質素有什麼要求，總之沒損毀你的家居物品已算幸運了。

在泰國，僱主可以透過一些當地僱傭代理公司或朋友間代為介紹，又或在網絡上搜尋，但後者絕對危險，因為無往績可尋，假如不幸發生不愉快事件，更是難於追究。但無論經那一渠道聘請傭人，記緊最低限度要確認該傭工有合法身份，獲准在泰居留和工作，否則便可能會招惹不少麻煩呢。

21. 買傢俬體驗泰國人標準

> 高檔歐洲傢俬店無論是貨品種類和款式選擇都並不多，而且價錢是頗為昂貴。如果要揀全新貨品的話，需要落單訂貨，約需等待數月時間。

移居泰國前，經已做過一點功課，大致上都瞭解在那裡可以找到傢俬店，較大的傢俬零售店是在那些位置。以前作為遊客，很少會花時間逛傢俬店，反正體積那麼大，就算是喜歡也要大費周章地辦海外托運，不值得。

自己一向鍾愛歐式設計傢俬，但做了一輪功課，似乎這裡又以售賣泰國土產貨為主，賣「來路貨」的店鋪是有，但選擇並不多。有一次與泰國朋友聚會，由於是本地人，並且還是專業「有米」人士，當然要請教一下，在那裡可以買到好的歐洲傢俬，印證一下自己有沒有「睇漏眼」。他秒回說，「I」字頭那間北歐傢俬店（即是在香港也有數間店舖，四個英文字那間，明啦）。我呆了數秒，好，收到！哈哈！

之後，我便繼續那搜購傢俬雜物的疲累行程（要有心理準備，移居外地初期，幾乎每天都要往各類店舖買東西，之後，很大機會會患上「購物恐懼症」）。曼谷市有那麼多富貴人家，當然會有高檔歐洲傢俬店的，但無論是貨品種類和款式選擇都並不多，而且價錢是頗為昂貴。多懷念香港和英國的傢俬店！但最搞笑的，便是就算肯忍痛花錢購買，詢問過後，還是揮袖而去。何解？因為如果要揀全新貨品的話，需要落單訂貨，

約需等待數月時間。吓？？！要不是，店舖的陳列品可即取現貨。難道傻的嗎？付那麼貴的價錢買陳列品？其他國家可能打折到半價，顧客也未必願意買啦。

東揀西選後，還是向現實低頭，在泰國的一間「S」字頭的大型傢俬店，買泰國本土貨。以梳化為例，設計和配色尚可接受（但要強調，與真正的歐洲貨相比，絕對是兩碼子的事），就體驗一下吧。還不到兩年，坐墊已開始走樣，無什麼承托力了（假如體型較健碩的，相信一年已有問題），坐得腰酸腳痛，不得不將之棄掉。恕我直言，我作為一個用家的親身體驗是，其實頗多泰國貨品，雖然價錢稍平，但很多都是虛有其表，「平買貴用」的。

還有一次經驗，傢俬本身是用膠袋密封運送，理論上是很難出錯的；但開封後工人拼砌期間，卻被發現有不少黑色污漬，檢查後才發覺原來是送貨員的問題。他們的手原來滿是黑色的，完全猜不到先前他們做過了什麼。好在及時發覺，並有拍照為證才能與該公司跟進。所以，無論是多大的店舖，多貴的貨品，中間有可能出錯的地方，相信我們外人都很難想像得到。之後回想，我似乎明白那位泰國朋友，為什麼推介我往「I」字頭那間北歐傢俬店了。明晒！

後記

本來好好的在一個地方生活，為何要毅然「出走」他方，遠走高飛呢？原因可以是被宜人的氣候所吸引，可以是喜愛當地純樸的民風、令人垂涎的美食、多姿多采的娛樂生活……等等。

但要移居外地，再重新適應不一樣的新環境，絕非是一件簡單易辦的事。所以，這是個頗沉重的問題，宜深思熟慮，確定想要出走之地，真的能夠滿足自己所需。

恕我又再重提那句：「世界那有完美之地？」既然每個地方都有其好與不好之處，那麼又是否值得抽身而走，付出代價呢？（對呀！代價多少也一定會有。有云：「上屋搬下屋，唔見一籮穀。」何況是要搬來泰國這類東南亞地方，託運過來的東西，如果沒有損失，絕對是你的福份，但我就沒那麼好運氣了。唔見的何只一籮穀。嗚~~~~ 可以怎樣？！）

相信一些朋友在考慮移居泰國時，可能會頓時想到這裡低成本生活，微笑之地多可愛呀……之類！但可有考慮到為何這裡居住成本會較低？泰國人的微笑背後，原來又可以包含很多意思的！

在泰國生活，外國人需要重新適應的可不少。就以朋友圈為例，要在這裡交到一班閒時吃喝玩樂的「朋友」絕非難事，但要能像親朋好友般相互照應者，除非閣下早有好友在此，否則就難過登天了。

外國人由於一般都不能獨資在泰國做生意，以為這裡民風純樸，大可跟當地人合資，或索性找個泰國女友，甚至乎娶個泰國老婆，以為便可一了百了？哈哈，請扣緊安全帶吧！

假如在港仍有份工做，且收入還是穩定和不錯那種，不妨多問自己幾遍，真的捨得現有的？

小弟在地的親身體驗，泰國確實有其不少吸引之處；但對於外國人而言，這裡就只是個消費樂園。要繼續幹活嘛……是兩種截然不同的生活模式，還是想清楚點吧。

《泰國宜居》

作者：陳文龍 (Charles Chan)
出版經理：馮家偉
執行編輯：Gary
美術設計：Windy
出版：經緯文化出版有限公司
地址：觀塘開源道 55 號開聯工業中心 A 座 8 樓 25 室
電話：852-5116-9640
傳真：852-3020-9564
電子郵件：iglobe.book@gmail.com
網站：www.iglobe.hk

港澳發行：聯合新零售 (香港) 有限公司
電話：852-2963-5300

台灣地區發行：大風文創股份有限公司
電話：886-2-2218-0701

國際書號：978-988-76581-8-4
初版日期：2023 年 5 月
定價：港幣 128 元 台幣 499 元

iGLOBE PUBLISHING LTD.
Rm25, 8/F, Blk A, Hoi Luen Industrial Ctr., 55 Hoi Yuen Rd., Kwun Tong, KLN

免責聲明
本書資訊更新至 2023 年 4 月 1 日止。
本書之作者與出版社已盡最大努力，確保本書所有之內容無誤。在根據本書的內容採取或避免採取任何行動之前，您必須獲得專業人士或專家的建議。
惟若本書內容之錯誤而導致任何損失，本書作者與出版社將不負上任何責任。